U0094861

LOOK for Village

3

嘉義市東區

民族里

CONTENTS

CONTE

抵達之前

① INTRO

撰文●蔡郁青、洪綉雅・攝影●安比

INTRO

遠離海洋、鄰近山邊，
嘉義火車站下，徒步 21 分鐘就能抵達。
若要問人民族里在哪，
不如改口道：「東市場安怎行？」

INTRO

去民族里

　　不像鄉村的庄頭聚落在地景上有明顯的區別，城市中的鄰里多依街道、位置、戶數等劃分範圍，生活在其中，往往難以察覺里與里之間的界線，位於嘉義市東區的民族里便是如此。

土地總面積約	總人口數約	戶數
0.16 km²	**1874** 人	**885** 戶

　　從嘉義火車站出發，沿蘭井街步行 21 分鐘，其與吳鳳北路、光華路相接的三叉路口，或許就是外地人最初的「民族里印象」。左手邊是嘉義城隍廟，右前方通往南門圓環、民族國小，繼續直走則抵達東市場，預告了總面積 0.16 平方公里內的信仰、交通、教育機能與住商混合的生活樣態。

阿里山國家風景區觸口遊客中心 - - - - - 民族里

🚗 **25** mins

嘉義火車站 - - - - - - - - - 民族里

🚗 **8** mins 🚶 **21** mins

嘉義高鐵站 - - - - - - - - - 民族里

🚗 **27** mins

雲林縣

民雄

民族里

太保　　嘉義市

水上

布袋

嘉義縣

高雄

台南

民族里

23° 28'43.83"N ｜ 120° 27'15.92"E

　　嘉義市是在山腳下的城市，地理位置上，阿里
山山脈位於東方，山麓丘陵由東往西緩降，因此
天氣好的日子，在民族里也能看到山，車程 30
分鐘以內便能抵達阿里山國家風景區，路程是前
往海港的一半。鄰近南雲林、北台南的特質，讓
此處在日治時期就因鐵路之便成為嘉南平原上的
商貨集散地，如今來往兩縣市鬧區如斗南、新市
等更為便利，生活圈也更加貼近。

HERE!

在民族里

　　民族里在嘉義實施鄰里調整後誕生，民國 99 年由原文昌里、蘭井里、鎮南里及部分祐民里合併而成，以里內的地標「民族國小」命名。

　　民族里邊界方正，依街道劃分，南邊貼著國小校地，以垂楊路與興南里相鄰，並隔著共和路與朝陽里為界，故東南隅缺了一角，其餘東、北、西面各別以文昌街、中正路及吳鳳北路，與華南里、東興里及過溝里和部分中央里區隔。

　　里內的南門圓環為舊南門城城址，從圓環斜切而出的光華路，過去曾是諸羅城城牆，此路以東為舊城區，歷史遺跡眾多，紅毛井、嘉義城隍廟最為著名。此外，里內東市場現址，即為清代縣衙舊址，鄰近嘉義市最早發展的城隍廟十字街，

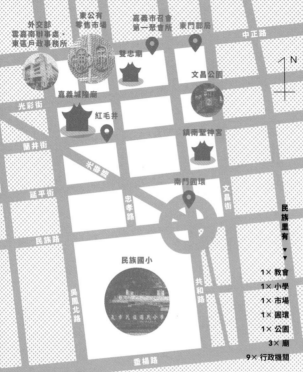

外交部
雲嘉南辦事處、
東區戶政事務所

東公有
零售市場

嘉義市召會
第一聚會所

東門郵局

中正路

雙忠廟

文昌公園

光彩街

嘉義城隍廟

紅毛井

鎮南聖神宮

蘭井街

延平街

忠孝路

南門圓環

民族路

民族國小

吳鳳北路

共和路

文昌街

光華路

垂楊路

N

民
族
里
有
▼▼

1× 教會

1× 小學

1× 市場

1× 圓環

1× 公園

3× 廟

9× 行政機關

自三百年前便是嘉義人的商業與生活中心。如今
依舊有許多行政機構座落於民族里,從郵局、區
公所、戶政事務所到外交部雲嘉南辦事處,不僅
都市機能完善,亦串接起雲林、台南等鄰近城市。

INTRO

民族里小史

17 世紀	▼	荷蘭人來此設立辦事處並傳教，鑿建紅毛井
1704 康熙 43 年	▼	諸羅縣興築木柵城、設縣署
1715 康熙 54 年	▼	知縣周鍾瑄倡建城隍廟
1900 明治 33 年	▼	縣署原址改建為市場，即今東市場前身
1906 明治 39 年	▼	梅山大地震，開始實施市區改正計畫、逐步移除城牆與城門
1908 明治 41 年	▼	西部縱貫鐵路全線通車

由荷蘭時期的一口井開始

民族里位於嘉義市舊城區的核心地帶。此區最早是平埔族群的生活領域,據《諸羅縣志》可知今日蘭井街上的「紅毛井」為荷蘭時期所建。傳說井址位在諸羅山社的廣場上,因荷蘭人的生活需求而開鑿;由於取水便利,鄭成功來台後,軍隊也選擇於此駐軍。清代興建諸羅縣城,將紅毛井納入城內靠近南門的位址,陸續搭造縣署等官方規制空間,及民間信仰核心城隍廟,而今日民族里所在區域,在建城以前便是人群聚集之處。

從市集到市場,梅山大地震後再歷經市區改正

清代建城後,設有東、西、南、北四座城門,縱向、橫向連接城門的路徑成為十字街(約今吳鳳北路、公明路交叉口一帶),鄰近城隍廟與縣署的路段,因香客、官員、眷屬等人潮的往來自然形成開放的臨時市集。此市集在日治時期整頓為現代化市場,即現今民族里的東市場,其與城隍廟共構,除了供應民生與信仰所需,更是嘉義的商業中心。

1914 大正 3 年	▼	阿里山鐵路全線通車
1920 大正 9 年	▼	總督府設五州二廳， 嘉義街（今嘉義市）劃屬台南州
1930 昭和 5 年	▼	嘉義街升格為嘉義市
1941 昭和 16 年	▼	嘉義大地震， 東市場建築體毀壞而改為木造建築
1978 民國 67 年	▼	東市場第二次大火， 木構建築僅今豬肉攤區倖存
1985 民國 74 年	▼	嘉義城隍廟受政府指定為 第三級古蹟
1987 民國 76 年	▼	嘉義市政府闢建新市場大樓
2010 民國 99 年	▼	2 月 1 日起實行里鄰調整， 民族里誕生

　　日治明治 39 年（西元 1906 年）梅山大地震後實施市區改正，陸續拆除城牆和城門、改變城市空間型態，加上日治明治 41 年（西元 1908 年）西部縱貫鐵道通車，嘉義市的政治經濟重心才漸漸轉移至今日西區。

▌經鄰里縮減計畫，當代民族里誕生

　　戰後，嘉義市的區里制度幾經變遷，民國 92 年起由於各鄰里戶數差距懸殊，市政府著手進行鄰里調整，東區於民國 99 年從 55 里縮減為 39 里，民族里因而誕生。至今仍留有日治時期的規劃，包括圓環與棋盤狀道路、舊城區內唯一的開放綠地「文昌公園」，以及前身為旭小學校的民族國小。

　　廟宇香火綿延，市場生意活絡，舊城的紋理隱身於現代化的街景中，深入走訪，會發現這裡仍保有傳統的生活步調，熱鬧且充滿朝氣。

遷徙地圖

↑N　17 世紀以來，民族里的範圍內，有來自中國福建
廣東沿海的漢移民持續移入；戰後則是周邊鄉鎮縣
市的人，追著商機到此定居做生意。由三、四百年
前至今，此地就是嘉義一帶最早的人群聚集之地。

清代「嘉義街」，諸羅縣城第一市街

居住於今日民族里的住民，首為平埔族諸羅山社
人，隨著荷蘭人集團、清政權先後在此開發設城，
據日人調查結果，這時期移入者多數來自中國福建
的漳泉移民^註，奠定了該區域居民主要的族群別。
日治明治 33 年（西元 1900 年），諸羅縣署原址改

註　臺灣總督官房調查課，《臺灣在籍漢民族鄉慣別調查》（臺北：臺灣時報發行所，1928）

建為市場後，我們也看到一世紀以來，來自嘉義縣市周邊鄉鎮的島內移居者，受到市場的生意吸引，從台南溪北、嘉義沿海遷移至此定居做生意。

民族里

台南

商品流通，人也跟著流動

民族里內的東市場，給予了在地人做生意的商機，也帶給外地人經由商品交易，輾轉以攤商的身分，成為里民一份子的契機。如父子兩代都擔任民族里里長的劉家，原是西螺人，祖父輩那一代到此謀生定居，因為這裡的人潮商機，能夠為擅長油湯生意的劉家人，謀得生存的機會。

其他再如市場裡的各家老攤，有來自台南白河六重溪部落的平埔後代，即便未直接住籍於里內，店即是家的魚丸家族，在東市場的生意裡走過三個世代。市場外圍許許多多的果菜攤商，更不乏是來自嘉義民雄、水上一帶的「一日限定」住民，帶著商品而來，擺攤賣完就走，日復一日的，在民族里重複著因生意而移動的日常遷徙。

INTRO

民族里關鍵詞

里境內有城隍廟、雙忠廟、鎮南聖神宮三座廟宇，城隍廟體最為壯觀，是清代官方設置的地方首廟。若以創立的時間而言，雙忠廟稍早於城隍廟，兩座廟宇都有多位名匠師傅參與重建，留下精采的作品。鎮南聖神宮俗稱舊孔廟，主祀對象為孔子及諸聖賢。

民族里因境內有東市場，飲食機能十分蓬勃，農產品多來自嘉義縣周邊鄉鎮或台南、雲林地區的供應，肉品則是每日由文化路的肉品市場拍賣後直送至市場內。市場內的熟食區，更是外地客必訪的地方小吃，如牛雜湯、肉捲。嘉義知名的火雞肉飯，在民族里一帶也有六家，分別在一天24小時不同時刻營業，相當特別。

嘉義市區狹小的街道密佈，尤其是境內市場道路寬度，汽車幾乎無法兩相會車，因此，里民多習慣以機車代步。若是外地客要來此地，火車是首選，步行約為 20 分鐘左右的距離，也有多班公車路線可達。

民族里內除了熱鬧的東市場，民族國小及
其共和路周邊的綠帶空間，是在地人運動
休憩的去處。近年來，年輕世代以老建築
開設的咖啡館，形成嘉義相當有特色的文
創聚落，也為里內的消費娛樂增添了當代
的新元素。

位於都會區的民族里,里範圍由原先的文
昌里、蘭井里、鎮南里及部分祐民里合併
而成,四里取「民族國小」之名而得名為
「民族里」。以民族路為界,北面主要是
東市場及密集的住宅區。南面則主要範圍
都落在民族國小,全里人口數為一千八百
人上下,東區 39 里當中,是人口偏少的行
政區。

2

從里 到外

DE OUT

攝影●安比

這裡是哪「里」呢？
我們探索里的歷史、里的邊界，
以及里和阿里山及整個嘉義的關係；
放大、縮小，朝著地方望遠再聚焦——
從一口井到一座森林，走入建物與街區，
終於看見了這里。

INSIDE OUT

從哪「里」開始？
由一口老井說起

四百多年的紅毛井與14歲的民族里

撰文●林欣楷・攝影●安比

「這裡是哪『里』?」

「忘記了。」

紅毛井社區發展協會的大姊被詢問到這裡是什麼里的時候，沒多做思考，很直覺的回答，接著她便轉頭與其他協會成員交頭接耳，討論起位於城隍廟旁的紅毛井社區發展協會是什麼里、周遭區域又是什麼里。鎮南宮、東市場以及自己生活、工作的區域，都成爲清晰而具體的記憶路標。

　　阿姨進一步補充，對當地人來說，這只是方便公所行政上的劃分，與日常生活似乎不是很密切的事。自戰後以來，嘉義市區在民國 42 年、79 年、99 年經歷了數次大規模的里重劃，今日的民族里是民國 99 年由蘭井里

民族里邊界圖

中正路
民族里邊界
光彩街
忠孝路
文昌街
紅毛井
蘭井街
民族里邊界
延平街
光華路
南門圓環
民族路
民族國小
共和路
吳鳳北路
垂楊路　　民族里邊界

與文昌里、鎮南里、祐民里等地合併而來，
因為里內的民族國小而得名。

由紅毛井誕生的熱鬧蘭井境

　　位於蘭井街與忠孝路交會處的紅毛井，不
僅是民族里內，還是嘉義市最古老的古蹟。
自清代以來，當地就傳說紅毛井是由荷蘭人
來到諸羅山社傳教時，在廣場中央開鑿的井
水。由於該地處嘉義市的低窪處，也為這則
傳說更增添不少合理性。

蘭井街、光華路、吳鳳北路三岔路口。

　　乾淨、便利的水資源對村莊相當重要，
不論是家庭用水、民生灌溉均與水脫不了關
係，這也讓農業時代的人群，往往會選擇聚
集在水源處。由於取水方便，紅毛井周圍自
17 世紀初期就陸續聚集了官署、文昌廟、城
隍廟以及不少民眾。

　　清乾隆 27 年（西元 1762 年），諸羅縣知
縣衛克堉重建嘉義縣署時，將紅毛井選為諸
羅八景之一，稱為「蘭井泉甘」，而該地亦因
此被稱為蘭井境。

蘭井境在成爲清代嘉義政治、信仰中心時，由於鄰近八掌溪畔與阿里山，山產經由南田古道通往南門，運入嘉義城區。作爲山產流入嘉義的第一站，蘭井境因此擁有成爲商業區的潛力，逐漸聚集衆多小販。

▌兩場大地震之後的「市街改正」與水道建設計畫

日本在明治 29 年（西元 1896 年）取得台灣的統治權後，就因爲台灣衛生條件過於糟糕，瘟疫橫行，因此積極在水源、衛生方面進行調查與防治，然而礙於經費，許多建設難以一步到位，除了改爲簡便的做法，甚至有時還被擱置。

明治 37 年與 39 年（西元 1904 年與 1906 年），

資料來源──「嘉義街市區改正計畫稟申認可（嘉義廳）」（1913-01-01）、〈大正二年臺灣總督府公文類纂永久保存第三十三卷地方〉，《臺灣總督府檔案‧總督府公文類纂》，國史館臺灣文獻館，典藏號：00002120012。

嘉義市區改正圖，可以看到紅毛井所在的廣場，被改造為街道。

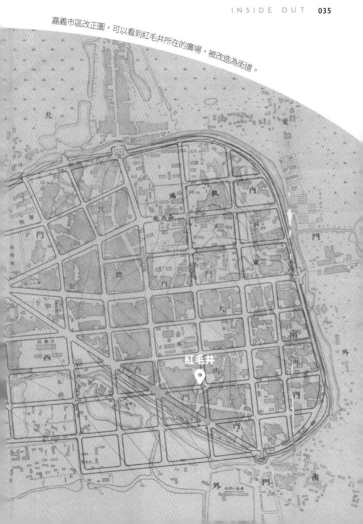

嘉義陸續發生兩起大規模地震，眾多房舍遭震
垮，市街受損嚴重，也讓嘉義的市街改正有了
急迫性。總督府核准嘉義廳計畫後開始陸續動
工，內容包含街廓的重劃、水道的劃設等基礎
工程。

蘭井社區公園荒地的手壓抽水器

　　這套縱貫全嘉義市區的大工程，將舊城區與
城外串聯在一起，不只從此改變了嘉義的道路
格局，大正 3 年（西元 1914 年）3 月，嘉義市
區的自來水工程竣工，更讓嘉義人生活範圍的

邊界逐漸模糊。沿著街道鋪設的鐵管,將來自
牛稠溪的溪水灌溉在嘉義市區,市民不必長途
跋涉至溪邊、井邊打水,只要打開水龍頭,新
鮮、乾淨的自來水就此流入家門之中,長達數
百年的生活習慣從此有了變化。

▌取水功能不再的紅毛井,成為嘉義的歷史象徵

即使曾遭逢地震,但在《臺灣日日新報》記載
中,紅毛井在明治 42 年(西元 1909 年)仍然
有被周邊居民取用的紀錄。同時報導亦有提
及,該井的水質已經變得越來越鹹,因此取
用者越來越少。到了大正 9 年(西元 1920 年
代)自來水管線在市區鋪設完成時,紅毛井已
經成為「磚石填滿、穢水差池」的史蹟紀念物,
失去做為民生用水的功能。

位處紅毛井旁的新陽春中藥房,在此已經
開業一甲子的殷爺爺以及勝安堂草藥舖的老
闆娘,都提及在記憶之中,並沒有在這裡取

水的印象。取而代之的是因為安全考量、防止丟棄廢棄物，而把整個井口封住。殷爺爺在回憶時還邊比劃著，這口井是在整修過後才變成現今的模樣，過去是一處長橢圓形的井。

如今，紅毛井所在的蘭井街，漸漸地因為紅毛井的存在被視為是嘉義第一街，成為象徵嘉義的一部分。自荷蘭時代將近四百多年歷史的蘭井境，與甫成立 14 年的民族里，並存在同一個空間之中。

與過去居民因為取水而結成，擁有清晰邊界的蘭井境不同，如今的民族里已經是嘉義市區的一部分，紅毛井與東市場、城隍廟、民族國小，都成為居民辨識民族里的地標。然而究竟從什麼地方開始該是民族里的範圍？或許如同紅毛井社區發展協會的大姊說的一般：「忘記了。」

因為人們一直居住在「這里」。

忠孝路與共和路之間的中正路，同為東市場，兩旁店家一邊是東興里，一邊是民族里。

040

2

INSIDE OUT

木頭君下山遊嘉義

在民族里找尋百年木都榮景

撰文●邱睦容・攝影●安比、邱睦容

　　大正元年（西元 1912 年），第一台運材火車從阿里山開出，七節列車經過了 66.6 公里長的鐵道，一路從海拔兩千公尺的高山駛下來，在一片「萬歲」聲中被迎接，北門站附近的嘉義人見證了歷史瞬間。至此之後，車上載運的ひのき（hinoki，檜木）——台灣人跟著日本人這麼稱它，也就越來越頻繁地出現在日常生活中。

木頭君下山

清領時期，在諸羅城生活的嘉義人知道有山。「環邑四顧，諸山森立，如踞中高坐」，他們是這麼形容城與山的關係，但大片的山林裡究竟有什麼？得等到一百多年後，日本人入山，豐富的森林資源才被「發現」——尤

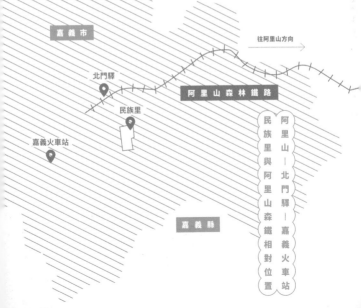

嘉義市

往阿里山方向 →

北門驛

民族里

阿里山森林鐵路

嘉義火車站

嘉義縣

阿里山—北門驛—嘉義火車站

民族里與阿里山森鐵相對位置

其是山中綿延無盡，被視為上等建材的紅檜
和扁柏。

在總督府的林業政策下，鐵道從深山一路
鋪下來，迎接木頭的終點是北門驛。隔年，
車站旁的嘉義製材所落成開工，規模是佔地
390 個足球場大的「東洋第一」，附近的榮町
和檜町（今林森西路一帶），聚集著台灣人
和日本人開設的木材行、商店、置放場、小
型加工廠。在鋸木聲和木材香中，以木為業
的人們不計其數。山成為了「林場」，木頭成
為了「木材」，嘉義因木頭的到來，迎來了前
所未有的「大伐木時代」。

東市場建築立面。

以不同姿態成為老住戶

　　下山的木頭們去了哪裡？它們進入了製材所，被裁切成固定尺寸的木材，接著送入木材行，再被整理成符合島內建築、家具所需的各種尺寸，融入了今日的木都地景。

　　首先是東市場。被稱為「嘉義人的大廚房」，東市場興建於日治大正 3 年（西元 1914 年），

東市場歷經大火後，僅剩肉鋪區保留下木頭桁架的結構。

街角的連棟木屋。

　　那時阿里山鐵道已經通車，深山來的檜木化
身為建築的桁架，不只搭起了挑高的空間，
也搭起了文明都市的想像，一所有著流通空
氣和充足採光的市場。

　　市場之外，街角櫛比鱗次的木屋，則是
另一種見證。在今天大概很難想像，曾有一
段時期，人們起建屋宅，毫不思索——或者
說沒有其他選擇地，將檜木作為主要建材，
箇中差別只在於板材厚度、取用哪一段的木
頭，而其中又以中段為最佳。

　　不只檜木與人們的生息共存，同樣從山裡來的柳杉，也陪伴著嘉義人。阿里山上的柳杉林，是日本時代伐除檜木後，進行人工造林時所栽種的樹種，經過注油防腐等特殊處理後，便是電線桿的好材料。至今在東市場旁的共和路上，還有兩根木製電線桿，默默地擔起點亮都市的任務。山上的木頭重新在山下成林，落地生根，成為了木都的老住戶。

東市場旁的木製電線桿。

046

「第一代」木製攤位。豬肉攤的「第一代」，凹陷處是長年切肉留下的痕跡。

民國 58 年的老照片可見「第一代」木製攤位。

資料來源——嘉義市東市場街景 1。創作者：廖日京（1929-2013）。取得對象：廖士元。建檔單位：農業部林業試驗所。數位物件授權：PDM（公眾領域標章）。發佈於《國家文化記憶庫》。

▌攤架、藥櫃，木頭君無所不在

　　除了眼前易見的房子與電線桿，木頭也是日常的親密夥伴。可能大多數人知道東市場使用的是阿里山檜木，但或許很少人會注意到市場裡的木攤架，它們也和屋架一樣，來自同樣的地方。

　　至今市場裡販售豬、羊肉的區域，還留有許多木製攤位，並被攤商暱稱為「第一代」。這些攤位由大到小有多種尺寸，但構造相同；上層是木框架，下層是木桌和抽屜，頂頭掛有燈泡，四周則勾著常用到的塑膠袋、手套等小工具。據一位攤商阿媽說法，這些木製攤位早在七十年前，她剛來市場時就有啦！儘管後來管理處又製作了磨石子、白鐵仔（不鏽鋼）版本的攤位，更新更耐，但許多人還是持續使用著「第一代」，只不過略作改造。有些保留上層、底座拼裝成其他材質，有些則將桌面更換成不鏽鋼。

走出市場，來到住家。「新陽春藥房」不只本身是木屋，店頭的中藥櫃更是 87 歲殷爺爺的寶貝。「六十幾年前，這一組就要 2,500 元，做了兩組，都是用阿里山的木頭。當時一個月的薪水才 70 塊！」一甲子過去，老藥櫃依舊頭好壯壯，而上頭每一處的刻痕紋路，都記憶了阿公的一生打拼。

林業榮景落幕，木都卻生生不息

戰後，在工業化林業的政策下，原被視為「無盡藏」的森林資源走向枯竭，民國 52 年阿里山工作站結束直營伐木。儘管林業榮景落

新陽春中藥房的中藥櫃亦是使用阿里山的木頭製作。

幕，但木頭不曾離開過嘉義，它們仍現身在
各地。

東市場旁，香煙繚繞的城隍廟，是在地人
的信仰中心。昭和年間進行廟宇的改築工事，
一口氣修建了三川殿、正殿、拜殿與後殿，
石雕、剪黏、彩繪都找來名匠更換，重修需
要大筆經費，而當年的重要捐獻者，便是經
營木業致富的材商們。正殿兩側的「寄附芳名
碑」，第一筆（捐最多的）是「合成材木店」的
周溫，其他材商蘇有讓、陳悅、蔡長春等人

由嘉義城隍廟改築工事的寄附芳名碑上可發現，許多捐款來自當時經營木業致富的材商們。

也名列其中。而在後殿的「嘉義城隍廟改築碑記」，更記載了材商們不只捐錢，甚至還是出力的委員。木頭為嘉義帶來富裕，也構築了百年不輟信仰地景。

　　一度褪去風華的木屋也為嘉義人再度帶來希望。那是東市場旁的「木商珈琲」，前身是販賣檜木角料的商舖，供應給附近的攤商和住戶，在瓦斯取代柴薪後，老屋曾一度閒置，經過重修後，重新敞開大門的木屋，讓許多走過木業榮景的老住戶驚嘆木屋「原來如此地好看」。

　　「山和樹其實跟人一樣，都是存在的事物。」以日本林業為場景的小說《哪啊哪啊神去村夜話》如此形容。而木頭之於嘉義想必也是如此吧？與土地上的人生息與共，頑強地生存下去。

所以，民族里
到底是哪裡？

跨度時空的邊界意識與辨識

撰文●陳正哲・攝影●安比

　　民族里，太陌生的詞彙，不在嘉義人的常
態概念中；若換個說法，不論是雙忠廟或孔子
廟，都易有更鮮明的地區定位。但這還不夠日
常，一般人是怎麼意識、使用民族里的呢？

從東門到南門，在辦事處與小學間構成邊界

　　先帶著大家順時針環視這 16 公頃的街區，
在一大片密密麻麻家屋建築中，西北角鑲嵌

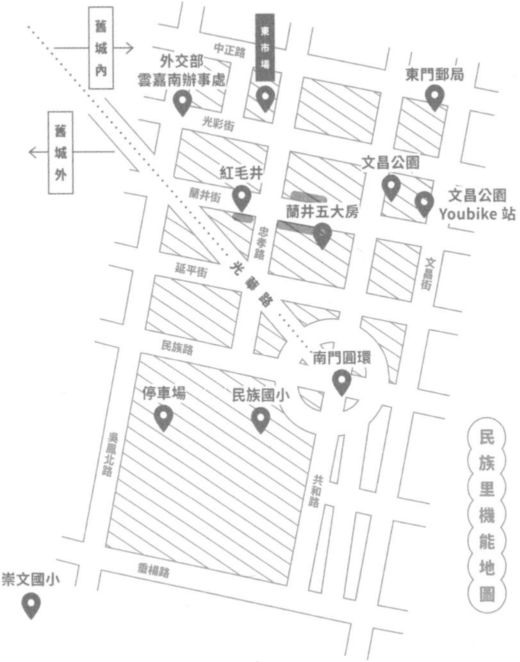

舊城內

舊城外

中正路
東市場
外交部
雲嘉南辦事處
東門郵局
光彩街
紅毛井
文昌公園
蘭井街
文昌公園
Youbike 站
蘭井五大房
忠孝路
延平街
光華路
文昌街
民族路
南門圓環
停車場
民族國小
共和路
吳鳳北路
重補路
崇文國小

民族里機能地圖

著兩大塊體，一是大名鼎鼎的東市場，另一
則是當你要出國時，可以就近在地辦理護照
的「外交部雲嘉南辦事處」所在之聯合辦公大
樓。每到旅遊旺季，這裡滿滿排隊人潮一直

蔓延到梯廳，當天不管是抽到幾號，都保證在下班前會受理。現場還有質量不錯的多國語言光華雜誌任你取閱。

順著中正路往東走，遇到的是融合在街巷樓房內的「東門郵局」，因爲這個名字，此處又突然建構起與東門的關係，是身處即將出城的傳統聚落。熙攘出入郵局的人們，在出郵局時可看見對面有一條歷史巷弄就在眼前，彷彿凍齡般持續在當代生演。再沿呼應著文廟的文昌街南下，最終會望見右手邊有著偌大的空地與綠意，這是「南門圓環」，五分步行間已串起了往昔的兩處城門。

南門圓環銜接於熱鬧市場與民族國小之間。

　　再往西南則可感受到完全不同於市街的空間尺度，是由民族國小、44米寬垂楊路、崇文國小所共構的寬廣環境，也就是小學與舊水道留給城市的紓緩空間。此異常巨大的地景，透過與街巷完全不同的差異尺度，昭告著界域的轉換，當然也是民族里邊緣的清楚表現。

　　外交部雲嘉南辦事處大樓、東門郵局、南門圓環、吳鳳垂楊交叉口，西北東南地告訴你民族里在哪裡。

▌古代的半城內、半城外，在當代仍看得出些端倪

　　嘉義市區在中央噴水池與南門圓環間羅列著四處不可思議的六叉路口，是由斜向的光華路貫穿十字路口所造成，光華路的紋理其實是呼應著諸羅舊城的城牆，因日治明治 39 年（西元 1906 年）梅山大地震後發布市區改正計畫，預計拆除城牆利用牆址劃設道路而來。

　　換句話說，光華路以東是城內、以西是城外。有趣的是，方正的民族里就被斜向的光華路一分為二，形成一半在城裡、一半在城外的里。

文昌公園與 YouBike 站

那麼，城裡城外，在民族里的表現是什麼呢？

建城，是區分城內外的開始，而「築造城牆」此種物質性的工作，還需要「設置城隍」這種精神性的事業，兩者相輔相成。民族里內的城隍廟，是清代諸羅建城的官方規制與民間信仰之總核心。日人治理嘉義時，積極打開舊城，在密集的台灣人傳統聚落中劃設方正的現代化街廓，並在衛生等觀念下建置市區公園。文昌公園即是在日本時代就定下來的公園用地，但直至民國 80 年代才開闢完成，為舊城區內相當珍貴、僅有的開放綠地。也

因為有此公共開放空間，現今堪稱嘉義市最佳公共運具的 YouBike，才得以於此設站駐點，成為深受大家所愛用的舊城區內唯一站。

民族里的城外呢？緊鄰城門外的「國民學校」，佔了一半以上的用地。這是日本人將防災思想結合小學校園的規劃。當時的旭小學校（今民族國小）在城牆未拆前就尋覓南門外配置，提供現代化的教育空間，也提供城

民族國小與周邊停車場都是舊城外百年現代化的遺留。

內稠密區在災害時的避難場所。當時學校西側的木造宿舍現今已拆除，目前利用此帶狀空地做為停車場使用，繼續替狹窄密集的舊市街，紓緩汽車時代不斷高漲的停車需求。

文昌公園、民族國小，都是民族里城內外百年現代化的遺留；文昌 YouBike 站、民族停車場，更是因這些遺留，而得以在當代衍生出的城內外互補服務。

▋ 濃縮嘉義四百年精華的「蘭井五大房」

民國 113 年里內發生了個大事，位於忠孝路與蘭井街轉角的一大片木造平房，突然間

木商珈琲旁的張宅於近日剛公告為歷史建築。

拆光了。天啊，這個轉角很重要，大家都在問要蓋出什麼而議論紛紛。

這個轉角為何重要？其實不是它本身重要，是它的周邊太重要！

先說它的旁邊：木商珈琲。前身是薪材店，早期進出市場間可以看見門口堆滿薪材的景象；民國 50 年代是木都榮景的後期，與木相關的百工百業在木都繁衍，薪材業的風景在此得以連結。目前店主孝詥也秉持木文化的傳承創新，珍惜舊有脈絡經營空間，並在獲得「嘉屋」計畫補助下，外觀以燒杉之特有質感反映木商的身世。

再說旁邊的旁邊：剛成為歷史建築文化資產的張宅。嘉義市區街屋的特有種，樓高 1.75 層，同時具有一條龍民居與二層街屋的空間格局特性；加上不對稱的兩獨立入口，強調出傳統民居與日治大正末期至昭和初期（西元 1920 年代）民居市街化之對比與結合。外觀上除了洋風雨庇、日廠馬約利卡磁磚、泥作裝飾、窗框額緣等，展現時代風格與工藝

前身為薪材店的老屋在改造後成為咖啡店，取名「木商」。

外，最為特殊之處在於其「漢洋折衷」的立面。意即屬於漢、洋式樣的元素，分明地分別位於一、二樓；一樓與嘉南農村傳統民居無異，二樓則為洋風建築的作法。此種一、二樓截然不同的建築式樣，大膽直接疊加的極罕見方式，就誕生在這條多元流轉的蘭井街上。

再說他的對面：共榮館，日本時代民間工商業活力的表徵。蔡氏家族於日治大正後期（西元 1920 年代初期）興建的洋風旅館，目前分為七戶使用，「卸妝計畫」花了三年整修五戶而成今日樣貌。共榮館轉角，堪稱老街上最負盛名的街景，洗石子陽台鑲嵌著釉面白磁與捲紋鑄鐵，外牆以工藝級的圓窗開孔，搭配四色彩繪玻璃，是眾人鏡頭下的最愛。

再說他的斜對面：清代楊宅。看似不起眼的黑色板材下，是原有的白灰外牆，而且只是他的側牆。為何以側牆面臨街道？因為目前的方格道路系統，是日人改變了清代都市紋理而來；原來的楊宅是座東朝西的合院，目前前埕也已蓋滿樓房。進入圍牆大門後，才看到楊宅

共榮館是蔡氏家族於日治時期興建的洋風旅館，至今仍保留洗石子陽台與圓形窗。

清代楊宅牆上還保有二次世界大戰時被掃射的彈孔。

正身的主要門面,其木作工藝與正廳尺度令人瞠目結舌外,牆上還留有二次大戰時被掃射的彈孔。

再說他的對角:紅毛井。走到這,該來杯青草茶了。在勝安堂百草舖我點的是苦茶,細細啜飲這濃濃的苦味,繞著這詭異的仿冒井。高度、形狀、材質沒有一個對的,但默默錨定著嘉義的荷蘭時代;真希望把它改為透明,讓其下的井石與井水再被陽光與目光映照。

以上五處敬稱蘭井五大房,跨越嘉義市的荷蘭、清朝、日本、戰後至今約四百年時光;前後短短不到五十公尺,卻是蘭井街上最精華的路段,表徵著嘉義市社會經濟,也是歷史文化的縱深。這整個時空濃縮的精華,就完全解壓縮在民族里內。

③

時刻

TIMING

療癒、寄託與飽足
以運將視角由遠駛近民族里

撰文●陳俊文 · 攝影●安比

為尋療癒，遠道而來

距離民族里最近的計程車排班站，就在陽明醫院大門口，陽明醫院以前叫做林外科，早年附近還有劉眼科、振華醫院等知名診所。換句話說，雲嘉地區最厲害的西醫聖手，都在民族里北邊的公明路上執業，公明路也俗稱為醫生街。患者搭火車下嘉義車站，然後搭計程車，一早來排隊。這些私人診所，若知道你是遠地來的，會讓你插隊先看。看完醫生，算是任務完成，是好是壞，心都靜了，在東市場吃個東西，或是買個「擔路」回去，也算是進城的證明。

由寄託之處入 城與市場

嘉義城隍廟自古以來就是嘉義城的信仰中心，廟的事蹟不
勝枚數，廟與城的命運共存共生。進市場前，來向城隍爺
請安，似乎成了一種儀式。城隍廟位於「廣義」東市場西
南隅，換句話說，每個嘉義人心中都有個東市場，東市場
泛指一個大區域。既然東市場無法定位，計程車運將會說：
「我載你到城隍廟牌樓，然後你們再走進去（東市場），
好嗎？」

以小吃名店築成的堡壘

東市場幾乎就是民族里的代名詞，但東市場的巷弄太小，對於車子來說，可說是無法穿越的一個堡壘──整個堡壘四周，全部都是販售熟食與小吃的名店。嘉義火雞肉飯物美價廉，講個三天三夜，也說不完。而「專賣店」[註] 密度最高的地方，就在民族里南門圓環周遭，這裡又超難停車，乾脆一家人叫一台計程車，衝來一級戰區搶飯吃。

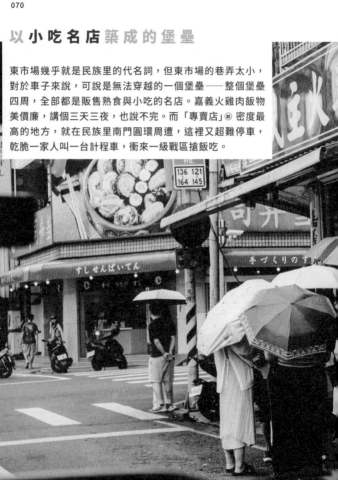

注 2：嘉義火雞肉飯專賣店——「賣飯售火雞肉飯的店家，一般店內只賣雞肉飯，兼賣魯肉飯，如果還有其他主食可選擇，比如說麵類，這是屬於不專業的行為。

④

做
生
意

GOODS

攝影●安比

GOODS G

若要談民族里，很難不談到東市場。
包含共和路、光彩街、忠孝路等範圍，
廣義的東市場佔了民族里近乎 2/3，
商與住的界線於此模糊，
來自各地的人與貨物也因而匯聚。
民族里的日常，做生意即是討生活。

1

GOODS

商與住界線模糊的
里民生活

佔據全民族里 2/3 的市場空間

撰文●蔡郁青．攝影●安比

點開 Google 地圖搜尋民族里，里境框線中理所當然地跳出「嘉義市東公有零售市場」，以點位標記大家習慣稱呼的「東市場」。其實東市場有狹義、廣義之分，前者為零售市場所在建築區，由嘉義市政府建設處管理，後者拓及零售市場周邊攤商林立、民眾採購時可抵達之處，以「井」狀展開，縱向道路由西到東為吳鳳北路、忠孝路、共和路、文昌街、和平街，橫向由北至南則為公明路、中正路、光彩街、蘭井街、延平街、民族路。和平、公明路除外其餘九條街道皆在里境內，東市場幾乎佔了民族里近 2/3 的空間。

話說從頭，東市場由點到面的擴張歷程

為何東市場會坐落在這個區域？又經歷哪些過程而發展成今日樣貌的呢？東市場的起源可溯及清代康熙年間，和諸羅縣城的建置有關。縣城位處北通鹿港、南聯府城的交通要道上，當時除了圍起城牆，也設有東、西、南、北四道城門作為出入口。鄰近城門、縣署以及城隍廟的地帶，便因官員、信眾等人潮的往

來，而形成熱鬧的攤販區，也成為山區居民將
農產運下山後遇到的第一個市集。此時期的市
場由民間自行籌辦，不為官方所管。

到了日治時期，「東市場」的名稱正式出現。
縣署於日治明治 33 年（西元 1900 年）被拆
除，原址闢建為「嘉義市場」，但它隨著明治
39 年（西元 1906 年）的梅山大地震而坍壞，
市區也亟需整治。嘉義在市區改正下，除了
新闢棋盤式街道，政府也著手設置新的公共
設施，並規劃現代化市場以整頓衛生環境，
將露天的攤販收攏至室內集中管理。日治時
期的嘉義有五大公設市場，批發市場性質的
「卸市場」有魚市場、家畜市場和果菜市場，
零售市場性質的「小賣市場」則為東市場、西
市場。

東市場於日治明治 40 年（西元 1907 年）
竣工，迨日治大正元年（西元 1912 年）西市
場落成後，才有東、西之名。雖同為小賣市
場，兩者在性質上仍有差異，東市場位於舊

城內，是地方性市場，長年供應往來人群在
信仰、民生上的日常所需；西市場位於城外，
因鄰近火車站、阿里山林業發展區域，設置
後便以觀光市場為定位，串接周邊商圈與嘉
義各景點。

　　日治昭和 16 年（西元 1941 年），東市場
再度因地震而損毀，由於時逢第二次世界大
戰，在人力、物力與資金的限縮下，建築主
體由水泥改以木構造重建。今日忠孝路與中
正路交叉口、豬肉攤所在的木構建築區，便

是當時所留下的。受戰火影響,東市場遭遇零星火災,二戰期間起漸無人管理,這樣的狀態持續至戰後,人們陸續在市場周圍做起生意,攤販再次擴散到街頭擺攤。民國52年、67年東市場發生的兩場大火,促使市場建築體內的攤販往周圍空地臨時設攤,或沿共和路等鄰近街道向住戶承租店面,後隨人潮與新攤商的加入,擴張成現今開放型的大市場。

各有所長,不同路段的街市特質

東市場所涵蓋的街道範圍廣闊,攤販、商鋪因應不同需求而生,形成街路特色,也構築東市場的空間秩序。例如城隍廟旁的光彩

街，便羅列了販賣各種祭祀牲禮、佛具、糕品的商鋪，此外，販售耕地用刀具、茶壺或專賣種苗的店家也開設於此。他們因早期農業社會的生活所需而生，讓水上、鹿草、太保等嘉義縣的居民前來參拜的同時，能順便購買民生物資。在信仰圈的加持下，東市場與城隍廟共同凝聚來自四方的嘉義人。

　　垂直於光彩街的共和路，過去被稱為「兵仔市」，因軍隊伙食團的採購而興起，在雲林的西螺果菜市場尚未設置、昌盛的民國40、50年代，不僅嘉義縣市的兵營，周邊如台南白河、雲林斗六的軍隊都會來此採買。民國89年，嘉義市政府針對市區內既有的群聚設攤路段公告規範，將此處指定入「共和路設攤區段」，開放規範路線以內的攤販擺攤、承

租店鋪。共和路攤商的設攤方式以租店面為主，在租金成本的考量下，多從上午開始營業到傍晚，因此民眾也會將這裡稱為黃昏市場，或獨立稱作共和市場。

文昌街算是較晚發展的路段，現與共和路、忠孝路、中正路、光彩街、蘭井街、延平街同被納入「共和路設攤區段」。和做批發、中大盤生意的共和路不同，文昌街以零售為主，也有竹崎、梅山等淺山地帶的小農，前來銷售自家蔬果。席地而坐的簡易攤位，客人看一眼便明白此區商品物美價廉，消費群眾也和東市場其他路段有所差異。

東市場二、三樓曾為戲院與旅社，現僅能從遺構中想像從前。

▌市場建築，交疊拼裝地留下了時間刻度

　　回到室內空間，零售市場坐落於吳鳳北路、中正路、忠孝路、光彩街框起的街區，是整座東市場歷史最悠久的區域，由三類建築體構成，包含日治時期留下的檜木構架、戰後的三層樓式水泥建築以及民國 76 年闢建的東市場大樓。檜木建築內是豬肉攤集中區，大樓為區公所及外交部雲嘉南辦事處所在地，水泥建築一樓有魚攤以及大家熟知的小吃飲食區，閒置的二、三樓較特別，曾有過戲院以及旅社。在阿里山公路尚未開通前，人們僅能搭乘小火車

來往阿里山，由於無法當日往返而有留宿的需求，旅社服務的便是這些遠道而來的觀光客以及到市場交易的商人。如今旅社雖已拆遷，仍能透過貝殼拼接的山水造景、馬賽克浴缸等遺構想像當年榮景。

就規模而言，東市場可說是全台灣最大的露天傳統市場。回顧歷史，它在清代因城門、城隍廟成市，日治時期轉型為現代化市場，火車站設立以前長期扮演嘉義商業核心的角色，戰後市場與街道共生。商業界線與生活空間相互交織，除了是熱鬧的交易集散地，更因鄰近廟宇、行政機構，外地人不絕如縷；不僅是民族里民、嘉義市人的生活中心，東市場也是雲嘉南三地人群匯流的中心。

參考資料

① 余國信，《城市裡的文化地景：嘉義市東市場為例》，國立雲林科技大學文化資產維護研究所碩士論文，2007。
② 林美賢，《嘉義市西市場變遷之研究》，南華大學建築與景觀學系環境藝術碩士班碩士論文，2011。
③ 蔡俊堯，《日治時期嘉義市區改正計畫與公共建設》，國立臺灣科技大學建築研究所碩士論文，2004。
④ 顏尚文總編，《嘉義市志・卷三・經濟志》，嘉義：嘉義市政府，2005。

市場分布圖

成衣服飾、珠寶銀樓為主

**嘉義市
東公有零售市場**

中正路

（簧第肉）

祭品牲禮、佛具金香為主

光彩街

豬肉攤、魚攤、小吃飲食攤
與少數蔬果、醃菜店

闊井街

蔬菜水果為主

生鮮肉品為主

共和路

文昌街

忠孝路

黃昏市場，各類蔬果肉品、服飾雜貨皆有

2

GOODS

遠海近山的
市場魚攤

山產河鮮與現殺野味

民族里一鑑事

不靠海的市場會賣什麼魚？除了
從嘉義東石、布袋等沿海城鎮運
輸而來的海鮮，東市場還有一般
市場少見的鱔魚、虎皮蛙、甲魚
（鱉）等河鮮。清晨來到市場，
能一睹新鮮現宰現場。

撰文●馬振瀚 ・攝影●安比

　　天空漸露微光，嘉義東市場外的魚攤，已早早就開門開燈，並忙活準備了好一陣子。這裡的空氣中少了點海的味道，也少了港邊漁市場的燈火通明和吆喝拍賣聲。

　　嘉義東市場位在與阿里山接壤的近山平原地帶，與海的距離超過 30 公里，年紀也超過百歲。在這座山邊市場販售的魚鮮，似乎也和許多人平時在市場所看到的不太一樣。

與一般市場不同的主力商品：鱔魚、虎皮蛙

　　市場中最早開門的魚攤，沒有店名，一塊寫著「現殺鱔魚」的紅色招牌與帆布分別掛在店前。兩位穿著塑膠圍裙的大姐，在兩三坪的空間裡忙進忙出。放在一旁數個圓形魚網中的活物，則不時地躁動，直到大姐把牠們倒入店門口的水缸，人們才真正看清即將上架的「新鮮魚貨」。

086

　　從鱔魚、虎皮蛙、泥鰍、白鰻到鱧魚，一字排開，分別倒入不同的水缸與水桶。東市場裡大約有一半的魚攤，主力商品正是這些充滿生命力的山產魚鮮。俗話說「靠山吃山，靠海吃海」，這些山產魚鮮過去多是產自附近田間圳溝或溪畔泥地的野味，但隨著城市擴張、環境變遷以及對外交通條件改善，產地已變得多元。現殺鱔魚的劉老闆，一邊核對出貨單一邊說道，攤台上的青蛙、泥鰍與白鰻分別來自屏東和雲林口湖，鱔魚則按價格，分成菲律賓進口與中國進口；不僅身上的紋路不同，前者斑點，後者虎紋，價差更幾乎是兩倍之多，口感自然略有差異。

　　劉老闆在東市場開店已有 40 年左右，對於門外漢如我，一缸缸地詢問「產地來源」和「野生或養殖」的問題，她除了耐心回應外，更幽默地說，近年來有「上游放生，下游野生」的產業現象，巧妙回應了許多饕客對野生美味的執著與追求。

另有半數海鮮，遠從高雄、屏東，
近從嘉義東石、布袋而來

　　與「現殺鱔魚」隔了一間店距離的無名魚攤，由一對開著小發財車的表兄弟經營。才剛從阿伯手中接班不久的他們，抵達店門口之後，隨即拉開鐵門，並從車斗卸下一個個保麗龍箱，裡面裝著遠從東石漁港批來的現撈海鮮。弟弟把一包包泡在海水冰的鮮魚，倒出來鋪在店門口的台子上，有小白鯧、竹

莢魚、魟魚等海魚,也有東石文蛤池放養的大虱目魚。他說,東市場的海魚來源,光他知道的就遍及台灣好幾個漁港。近的可能來自東石港、布袋港或雲林沿海多個漁港,也有幾攤會遠從高雄蚵仔寮、屏東東港,甚至是宜蘭南方澳批來漁貨。

不論是「現殺鱔魚」或「無名魚攤」,他們位處的東市場東口,正是市場魚攤主要集中的區域。市場內的攤位,許多都掛著寫鮪魚、旗魚等生魚片的布條或招牌;市場外的攤位,賣泥鰍、鱔魚等山產河鮮的商家與販售現撈及冷凍海鮮的店家,數量約佔各半,遍布街道兩側。街口三角窗的文蛤攤,則不斷有攤販手持

文蛤互相撞擊的聲音,這種判斷文蛤新鮮與否的細膩技巧,則源自聽覺上的經驗累積與世代傳承。

▍「每種魚的殺法都是一種專業」

「現殺鱔魚」從凌晨 3 點多開始的準備工作,需備齊刀具、工作台和一簍簍活蹦亂跳的山產魚鮮,負責備貨的大姐在確認出貨單之後,便開始以工廠流水線的效率開始工作。她一會兒抓鱔魚,一下子殺白鰻,甚至也要處理甲魚,然而全場聲光俱佳但也最嚇人的部分,莫過於在她俐落刀法下處理好的虎皮蛙。

「每種魚的殺法都是一種專業」，無名魚攤的弟弟一邊說著，一邊對備貨大姐投以崇拜的眼神。例如鱔魚和白鰻，雖然都是身形細長又充滿黏液的魚種，但殺魚的事前準備、下刀角度，魚腹該對內還是對外，甚至應該看著下刀，還是不用看即可動刀，這些細節都截然不同。當備貨大姐隨手抓起一尾鱔魚，從她用錐子將魚釘在長型木砧板開始，用幾乎不到 30

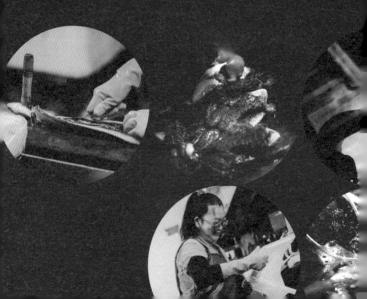

秒的時間就將鱔魚骨肉分離；只是相較於鱔魚
或白鰻，她處理青蛙的手法更是俐落。

　　備貨大姐下刀之際，也一面喃喃她再熟悉
不過的工作步驟：「第一步就是先將眼睛在的
上顎去掉，中間再戳一下，之後才去掉內臟。」
當她用錐子戳進去的那一刻，阻斷了青蛙脊髓
的中樞神經，青蛙同時也發出如氣球洩氣般的
聲音，幾乎讓每個首次觀看的客人印象深刻。

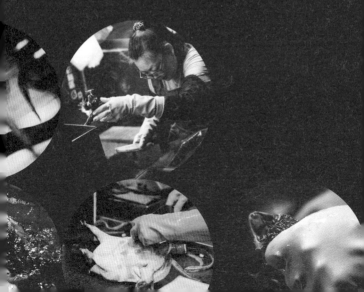

不是炒意麵？家常的清炒鱔魚最好吃！

凌晨的客人雖然稀稀落落，但來的幾乎都是批發商或餐廳；直到日出之後，客人才換成一般散客或家庭零售。不同於台南知名小吃鱔魚意麵，多半都是在餐廳裡才能嘗到，鮮少會有人自行在家料理；嘉義有許多家庭會去到東市場內買鱔魚、青蛙等山產魚鮮回家料理。

不論是劉老闆或備貨大姐，他們都毫無懸念地將在家料理鱔魚看作日常；至於怎麼煮呢？更異口同聲地說「清炒」最好吃。

3

GOODS

地味與旬味的
醬菜博物館

傳承三代的吳氏醬菜

民族里一鑑事

在東市場忠孝路入口處,可看到
一家打著黃光、醬桶擺放整齊的
醬菜店,醬菜種類眾多、形色目
不暇給,光筍乾就有四、五種以
上。有 80 年歷史的吳氏醬菜,
將倚山而生的滋味濃縮、封存於
食材之中,傳承嘉味。

撰文●謝仕淵・攝影●安比

　嘉義東市場午後，多數攤商忙著灑掃收拾，晨時喧鬧的街市轉為安靜的巷弄，只有醬菜店還將產品鋪排完整，等候最後一批的客人上門──決定晚上要吃那種醬菜的嘉義人。

　空氣中飄散的酸鹹醬味，是獨占在東市場午後的氣味，經營了 80 年的吳氏醬菜堪稱醬菜博物館。不過三、四坪大的吳氏醬菜，除了顯示三代傳承的「吳氏醬菜 80 年老店，東市場號外區 51 號」店招外，一面寫滿販售醬菜品項的招牌，「菜肉干、黃蘿蔔、脆筍、桂竹、榨菜、箭筍、條瓜、蔭瓜、味噌、鹹菜、麻油瓜、麻油菜頭、桶筍、菜脯、筍干、瓜仔脯……」琳瑯滿目，這些醬菜來自何方？誰吃？如何吃？

地味與旬味的博物館

　在嘉義的任何角落，往東看去，山就在眼前，吳氏醬菜的各類筍乾，都來自山裡。第

三代老闆吳孫明霞說，筍干從大埔來，山裡
有品質好的麻竹筍，可以做成筍干、脆筍與
筍茸。《諸羅縣志》原說：「諸羅筍無佳者，必
煮去苦汁，浸以清水，差可食」，或許如此，
各種醬菜製法應是爲了轉換「四時皆有，然味
苦不可食」的竹筍而不斷精進的。

　　聽說大埔的筍乾，十台斤麻竹筍僅能曬成
一台斤筍乾，不漂白，也不加二氧化硫與防
腐劑。桂竹筍多數來自奮起湖，但產季之前，
會先使用清明節時就出產的苗栗桂竹筍，然
後才是嘉義山上的。

　　醬菜是旬味，多用當季盛產時蔬，量多時
才能製作，這應是昔時保存食材條件不佳，
爲了延長食用期限而發展的方法。如同吳氏

醬菜的自製品瓜仔脯，原料越瓜產期從 4 月開始，並從屏東開始出產，原料產地一路往北，最終可以做到秋天。

除此之外，芥菜製成的鹹菜也是自製產品，店家工廠就在自己家裡，到現在還循著古法製作，醃製過程視原料多寡、芥菜厚實程度，決定壓製石頭的重量。沒有越瓜與芥菜的冬天，就做高麗菜酸與酸白菜還有菜心。

吳家的醬菜，匯聚了全台醬菜精華，有很多廠商合作都是幾十年，只要下一代有繼續做，他們就會繼續賣。酸豆是高雄與嘉義的老師傅所製，西瓜綿來自台南，而味噌也是台南老牌店家新高；榨菜來自嘉義，嫩薑來

自南投，陳年紅糟是屏東客家庄製作。來自高雄的醃蒜頭，合作已經幾十年，只有聽聲音，從來沒有見過面。吳氏醬菜是地味與旬味匯聚於一攤的醬菜博物館。

三代家業的老店

吳家醬菜世代都在東市場，家是工廠，攤是賣店，兩者距離很近，一家人守著醬菜店這塊老招牌。吳氏醬菜旁的樂活醬園，是第一代的兄弟分家後所經營，第二代的老闆繼承家業做了半世紀，第二代老闆娘也會在最忙碌的早上來店裡幫忙，其他時間就在家協助製作。第三代的吳家子弟共有四人，其中一位兒子守著家業，在家裡的工廠負責生產，女兒則在攤上照應生意，每天傍晚哥哥會來協助打烊的工作。一家兩代人，幾乎就在家跟店裡，度過幾十年。

負責店頭生意的女兒，年輕時曾經出去工

作過兩年，但最後還是回來家裡幫忙，迄今已 20 年。她從小就在家裡幫忙醃製瓜仔脯，習慣了這個工作，家裡需要幫忙，於是就回到家裡。她覺得在家裡比較自由。

工作不忙嗎？「以前整年只有休過年，每天生意做到晚上……」顯然吳小姐對於現在每星期一店休，傍晚就收攤的生活感到很知足。

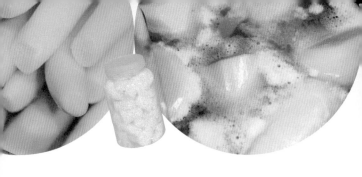

品味：曬太陽才會香、太鹹不會酸

　　所有的醬菜看似被鹹鹹的海鹽決定了命運，但用於延長食物壽命的鹽，也必須給食物發酵一點空間，不能濫用，如同酸菜不能醃太鹹，否則就不會有經由發酵的酸味。近年來，更因為注重養生，吳家的醬菜也減少了鹽的使用量。

　　這樣醬菜如何保存呢？我們以為冰箱可以解決一切，但保存醬菜的方法只能冷藏，而且最好可以浸泡在醃漬的汁水中，冷凍反而會破壞醬菜的纖維與口感。一顆厚度夠、能脆口的酸菜，也禁不起冷凍，退冰的酸菜通常軟爛無生氣，筍乾也是如此。

　　醬菜能有細緻的味道,就看食客如何欣賞。
醬菜不盡然只有酸與鹹,如同用著麻竹筍筍
尾製成的筍乾,最好的品質就是要能嘗出脆
口又軟絲的口感。吳老闆更在介紹筍乾與花
椰菜乾時,深深的嗅聞一口,然後說:「曬太
陽才會香。」

成為家味與嘉味的醬菜

　　製作了 80 年的醬菜,吳家的店裡與家中
充滿著發酵酸鹹味,常年接觸鹽巴的手也養
成一層不怕酸蝕的死皮。「經常吃醬菜嗎?」
「吃!幾乎天天吃!」吳家的餐桌上,經常有
瓜仔脯,可以涼拌或者炒點蒜頭醬油糖辣椒,

喜歡的口味各自調整。許多人經常用筍乾滷豬腳，但吳家推薦用脆筍紅燒豬腳，口感很不同。

進出吳氏醬菜店的客人，零售與批發、家用與營業用都有，有人買 15 元的奈良瓜，準備晚餐吃；有人買兩百元的鹹菜，當成店裡火雞肉飯的配菜；有人要的筍茸不是陳列在架上的，而是冰箱裡的高檔貨。

老闆與客人，彼此交換調理醬菜的小撇步，一樣是涼拌瓜仔脯，糖與醋，香菜與蒜頭比例都不同，也有人喜歡夏天加香油、冬天拌麻油，吳氏醬菜成為了各種家味的交流情報站。

吳氏醬菜有家的味道，對於離鄉者而言，更是故鄉的味道，許多出外的人，返鄉後習慣帶點醬菜離開。認識吳氏醬菜，就會了解嘉義的火雞肉飯，為何要有一片醬菜！

4

GOODS

東市場的夜間定目劇

肉販區特殊的勞動身體

民族里一鑑事

東市場可說是 24 小時都運作
的狀態,即便是沒有顧客入內
走踏的深夜。凌晨零點後,市
場深處一條擺滿半隻、半隻豬
的廊道,幾位名為「剝骨師」
的職人放出音樂,埋頭處理豬
隻、拆解骨肉,好讓攤商能在
早晨接手販售。

撰文●洪綉雅・攝影●安比

　　被當地人稱為嘉義「廚房」的東市場，以販售豬肉為主的肉販商，多數集中在室內區，位置就緊鄰外地客喜愛的熟食區。這區可說是嘉義小吃飲食的核心命脈，光是一旁熟食一級戰區的魯熟肉、米糕、肉捲、春捲等，豬肉都是當中重要的食材。即便嘉義以火雞肉飯見長，豬肉在大眾飲食裡仍保有重要一角。如此一來，市場裡一字排開數十攤的肉販，維繫著整座城市小吃飲食的機能。那麼，又是哪些專業的職人，替我們運作著這座城市的飲食命脈呢？

▌當城市休眠時，我們才正要上工

　　從屠宰市場拍賣後送來的生豬屠體，經過處理後，已去除腹內的內臟類，終將成為魯熟肉攤上琳瑯滿目的「各種好料」。少了內臟後的屠體，以機器電宰「從頭到尾」開一刀，便於成年男子能夠獨立作業搬運的重量，約為 6、70 公斤左右。

　　接下來，才是整場生豬處理「定目劇」的重頭戲。

　　現身於黑夜，行內人稱為「剝骨師」的專業工作者，晚間 11 點後陸續現身，為各自承攬的業務動起來。這個時間，是城市裡多數人開始休眠時，東市場裡大約有六、七位固定的「剝骨師」，他們各自依照自己承攬的工作量，安排上工的時間。

　　帶著習慣上手的刀具，經驗老道的師傅，可能就是兩三把刀在側，一把中華大刀砍骨用，一把利刃短刀，再多加一支隨時保持刀鋒利度的磨刀棒。喜歡將工作步驟做更細膩安排的年輕師傅，會帶上十分完備的工作箱，工作的儀式感十足。

去骨前，考驗下刀處的辨識能力

「年輕的喜歡追求速度，下手快，用工具輔助，卻忽略了怎麼處裡的『漂亮』」，資深的師傅這麼告訴我，一邊用著不快但卻穩定的節奏，處理著繁瑣的肋骨部位。一隻豬約有百來支骨頭，身體部位的前後腿骨，也就是經常拿來熬湯的大骨，需要用點巧勁，才能斷筋剝骨，每位師傅處理起來大同小異。

而半邊約有 14 至 17 支之多的肋骨，資深師傅習慣直接就手處理，才能精準掌握骨與肉之間那條不明顯的界線。不必留在骨頭上的肉，必須明確去除，而該是完整的肉，就

不能貪快毀了，這是當年身爲學徒時，被時時提醒的。

　老師傅先以利刀在骨旁的肉上來回劃「×」刀，製造出表層的斷點後，再以虎口那塊掌肉，沿著斷點下壓剝骨去肉。過程速度相當快，十來支肋骨約不到十秒鐘卽可處置完畢。捨棄一旁方便的工具「磨刀棒」不用，唯有費勁的老方法，才避免傷肉。

　「現在都不管了，不講究了，以前這樣做會被老闆罵，因爲肉不好看，會破損。」老師傅說。緩慢但穩定的處理完攤上的兩頭豬，半邊屠體 200 元工錢，一個晚上下來不過 800 元收入，半退休的工作狀態，夠生活就好。

　老師傅的溫柔，展現在對肉的處理上，也表現在對業主叮嚀的承諾。

▌師傅的養成：凡事起頭難，先從豬頭開始吧！

　　各攤師傅異口同聲的說，自己都是從練豬頭開始的。「用豬頭來學比較快」，剛入門五、六年的年輕的師傅這麼告訴我，處理一顆可以賺得 30 元的工資，這個數字自然不是太高的酬勞，重點也不在於拼量取勝。

　　老師傅說，「是我們給他（學徒）練習的機會」，重皮不重肉的豬頭，可以放心用來練習。不同於身體部位有較多的脂肪與肉塊藏住骨頭，頭殼的處理重點只需要在意如何以刀劃開皮與骨的連接處，因此十分適合用來練習「人刀合一」。

　　然而，頭處理起來也不容易，只是有較大空間的「容錯率」。

　　去皮後，老師傅走向攤位內，將豬頭骨放在人身等腰高度的烏心石樹幹，開始以厚刀下手劈開頭骨。力道之大，聲音震過數個攤位，而眼前的烏心石卻不為所動，無怪乎老

師傅棄一旁的厚砧板不用,唯有實心的樹幹才能接得住師傅下手的力道。他說,「這個比較穩,不會晃。」又說起年輕時,「那時一顆頭 25 元,現在比較好了 30 元。」這麼低的工資,目的在於在低時間壓力下,讓徒弟熟悉用刀的感覺。

老師傅們也有年輕時,學徒們共同的必經「出師」歷程,都是從一顆豬頭開始的。

忙得沒時間看錶,剝骨職人「一個人的武林」

場內最年輕的師傅,今年 25 歲,這麼輕的年紀卻已經擁有十年的經驗。「我高中時候就

跟著學了,很多同學看我做,也跑來學,但他們都待不住。」我問他那你怎麼做得了這份工作?他告訴我原因無他,願意做就有收入,手腳快一點多趕幾場,「收入比其他同年紀的人好很多」。

一過午夜,他加快手上的速度,突然抬頭問起:「現在幾點?」我告訴他就要 1 點了,他示意我讓出攤前的空位給他,今晚最後的收尾工作即將告一段落。不再打擾他,我走向其他攤位,一回頭他已經騎車離去,下一場工作在等著他,「願意做就有收入」,如他所告訴我的。

後方年輕師傅的攤位上,播放著不知名的電音舞曲,老師傅緩慢但有效率的剝著骨頭,刀起刀落間「咔咔咔」的節奏,搭上後方傳來的音樂節奏。過不久市場外的天空就要迎來魚肚白,從 60 到 20 世代的「剝骨師」們,各自用著他們的刀,上演著市場裡沒有觀眾的「定目劇」。

5
時間

🕐 14:00

SIGNAL

從晝夜裡捕捉信號

撰文●劉怡青　攝影●安比

東市場周邊商家 獨特打烊法

日用五金百貨陳列得目不暇給，走在東市場外圍街道上，經常疑惑
這麼多商品店家如何收店？待到晚間，市場寧靜而昏暗，才顯得全
日營業的店家燈光明亮。打烊時刻一到，只見年輕頭家稍將貨品聚
攏收納，接著從店深處抱出兩束比人還高的鐵捲片分置於店面兩旁。
年輕頭家說，這鐵捲片是阿公以前開店時就請人訂製，晚上收店只
消展開、圍起商品後上鎖就行，「以前是一整捆，後來怕阿公拿不
動才拆分成兩捲。」觀察民族里內不少店家都是如此收拾打烊的。

同一個攤位，日夜男女有別

東市場白日開市前的前置作業，通常凌晨 2、3 點就開始了。豬肉攤、羊肉攤與牛雜湯店，多見中壯年男性披著夜色直直將機車騎進市場，將慣用的刀具擺在攤台上，幾個人就開始利索地處理獸肉與內臟，入鍋大火滾燙。清晨 6 點，來喝牛雜湯的客人逐一排隊入席，攤位上舀湯、送餐、點餐的人卻全換成了女性。

07:55

03:00

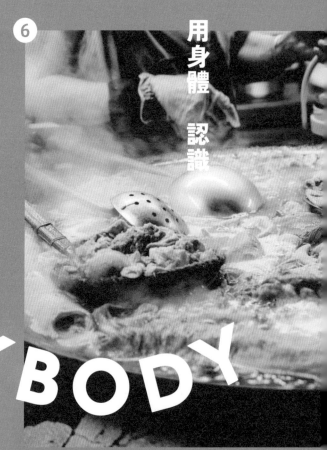

6

用身體　認識

YBODY

攝影●安比

BODY B

資訊量好大的民族里，
最適合旅人打開五感徒步走逛。
眼見生鮮五金各式貨品堆疊，
耳聽鼎沸人聲與叩叩叩、剁剁剁的刀起刀落。
不小心迷路了？沒關係，再繞一圈！
走餓了剛好再吃一碗火雞肉飯。

挑戰！
24小時火雞肉飯

民族里香噴噴的時間感

你知道嗎？小小的民族里一帶，就有多達
六間火雞肉飯，營業時間幾乎橫跨 24 小
時，滿足了嘉義人從早到晚都要吃雞肉飯
的需求。店家調性各異，有排隊名店，也
有巷口小店；有的裝潢新穎，也有維持路
邊攤的原始樣貌。這些不同反映了相異的
需求與受眾，以及店家的生命史，更以此
刻畫出了每間店專屬的時間感。

撰文●蔡軒誠　攝影●安比、劉怡青

挑戰！
三餐午茶、加宵夜
都能只吃火雞肉飯

7:00 AM · 頭家火雞肉飯
11:00 AM · 小莊火雞肉飯
2:00 PM · 檜町火雞肉飯
6:00 PM · 阿明火雞肉飯
6:00 PM · 阿樓師火雞肉飯
10:00 PM · 阿宏師火雞肉飯

小莊 火雞肉飯

內用 合計

電話：05-2286667
地址：嘉義市東區光華路18號

桌號

主食	價格	數量
火雞肉飯	35	
火雞肉片飯	60	
火雞肉片飯	45	
雞滷飯	35	

7:00AM

頭家火雞肉飯

地址 ▶ 嘉義市東區中正路 174 號
時間 ▶ 6:30-14:00
特色 ▶ 什錦蒸蛋

早餐來一碗剛剛好!

　　位於東市場邊緣轉角處的頭家,火雞肉飯不加油蔥酥,整體賣相乾淨清爽。品項包含較少出現在火雞肉飯菜單中的什錦蒸蛋,海味與份量皆十足,小碗的火雞肉飯僅要 20 元,是全民族里火雞肉飯店家中最便宜的。頭家火雞肉飯的觀光客比例相對較低,不時可見到顧客外帶好幾個便當作為全家的午餐,是一間陪伴附近店家開店收攤,或居民至市場採購時,便利、美味與實惠兼具的選擇。

11:00 AM

小莊火雞肉飯

地址 ▶ 嘉義市東區光華路 18 號
時間 ▶ 10:30–14:00、16:30–20:00
特色 ▶ 各式涼菜

　　小莊開業僅三年餘，最初名為「莊家火雞肉飯」，後更名為「小莊」，甫開業便遭上新冠疫情來襲，但小莊沒有因此被擊倒。雖然是年輕店家，在新穎的裝潢與擺設之下，火雞肉飯的表現也毫不含糊，油蔥爽脆，偏重的醬香沒有蓋過雞油的香氣，白飯亦粒粒分明。涼菜除了種類新鮮多元之外，擺盤與器皿皆十分精緻，光是用看的便令人神清氣爽，無論是再炎熱的中午，在小莊這也能食慾大開。

也是長得漂亮。

2:00PM

檜町火雞肉飯

地址 ▶ 嘉義市東區吳鳳北路 101 號

時間 ▶ 11:00–15:00、17:00–20:00

特色 ▶ 百香青木瓜

　　開業僅兩年多的檜町，裝潢洋溢著濃厚的日式風格，火雞肉飯的表現相較於一干前輩店家而言也在水準之上。品項中的百香青木瓜，賣相與時常出現在火雞肉飯的重要配角——醃蘿蔔（tha-khú-áng）有異曲同工之妙，替換搭配火雞肉飯亦十分契合。從菜色到店家陳設，展現了新舊交融的風格，彷彿在嘗試以新穎的做法來替傳統的嘉義火雞肉飯增添現代色彩。

6:00 PM

阿明火雞肉飯

地址 ▸ 嘉義市東區延平街 151 號
時間 ▸ 10:00–14:00、16:30–20:00
特色 ▸ 咖哩飯

我家巷口那家最好吃!

民國 45 年開業至今的阿明火雞肉飯,
已有近 70 年歷史。除了火雞肉飯外,
阿明另一項銷售主力「咖哩飯」是其一
大特色,連招牌上都大大寫著咖哩飯,
口味相較於火雞肉飯亦不落下風。位於
巷子內的阿明如同街坊鄰居的廚房,在
自宅經營的阿明用餐時,會有就在自家
客廳吃飯的錯覺,雖名氣不見得比得上
其他知名店鋪,但也擁有一批死忠的巷
仔內支持者。

雞屁股

火雞翅膀

鳳爪湯

10:00PM

阿 樓 師 火 雞 肉 飯

地址 ▶ 嘉義市東區吳鳳北路 102 號
時間 ▶ 16:00-00:00

來到晚餐與宵夜時段，嘉義市火雞肉飯兩大巨擘，同為「師」級別的阿宏師與阿樓師，將在民族里以吳鳳北路為界正面對決！

阿樓師火雞肉飯，巔峰時段的排隊人龍令人嘆為觀止，更以唸 rap 般的算帳方式聞名嘉義火雞肉飯界，絕對是嘉義宵夜的首選之一。同為近年的排隊名店，十分火紅的阿宏師

阿宏師火雞肉飯

地址 ▶ 嘉義市東區吳鳳北路 127 號
時間 ▶ 16:00-00:00、週日 16:00 至隔日中午 12 點

今晚宵夜你想吃哪一家？

火雞肉飯，也在民國 112 年將觸角伸向民族里周遭，選址就位於阿樓師的對面，週日更是從下午直接營業至隔天中午 12 點，頗有與之競爭晚餐和宵夜市場的意味。

經過一整天的火雞肉飯洗禮後，面對如此艱難的選擇，作為一個成熟的大人，或許還是「我全都要！」才是最佳解吧。

3:00-4:00PM

木商珈琲

地址 ▸ 嘉義市東區蘭井街 78 號

　　近年來老屋咖啡幾乎成為嘉義的標誌性商家，民族里自然也不例外。位於蘭井街的木商珈琲，在日治時期為販售柴薪的木材行，戰後曾作為蔘藥行，現在則主打咖啡與列日鬆餅。櫃台上的日式古董收銀機，與店內特別選用的木製家具，共同替老屋保留了過往的記憶。

黑人魯熟肉

地址 ▸ 嘉義市東區共和路 84 號

　　南門圓環邊的黑人魯熟肉，是傳統的地方小吃，早期作為富裕人家的點心，現今已是平價的庶民美食。一日僅營業下午 2 點至 6 點短短四小時，提前售罄也是常有的事。若找不到火雞肉飯又想吃些在地傳統口味，黑人魯熟肉可以帶您回味過去嘉義午後的點心時光。

信味香 · 嘉義炭火香腸

地址 ▸ 黑人魯熟肉對面

　　位在黑人魯熟肉對面，風采難免被搶去不少，但以路邊的香腸小攤而言，信味香的排隊人龍已頗為可觀。香腸帶有淡淡酒香，糯米腸添加了皇帝豆，十分特別，每日供應的類別與數量不一，需稍微碰點運氣。

這時間沒美雞肉飯吃!?那麼就……

木商珈琲

黑人魯熟肉

宏源火雞場攤車

地址 ▶ 共和市場內

在沒有火雞肉飯店家的市場內,卻有一台販賣生鮮火雞肉的攤車!

宏源火雞場攤車由一對本業為火雞屠宰的夫婦所經營,其實宏源火雞場的雞隻大多賣到台南,但老闆認為「嘉義人比較懂火雞的優點,比較會吃火雞」,因此在決定要外出擺攤時,首先便想到要來嘉義試試水溫,果然也是生意最好的一站。除了每週三固定在共和市場外,四五六日也會分別到台南崑山、安定、玉井等市場做生意。

攤車設有冷凍設備,不用擔心火雞肉在戶外高溫下變質,除了常見的雞翅、雞胸肉、雞腿外,雞尾椎、雞腳、雞背骨肉等部分都有販賣,偶爾也會有老闆自製的火雞肉咖哩、火雞肉鬆、火雞精等新奇的火雞產品。若想要自己嘗試從生鮮火雞肉開始料理喜歡的口味,或是嘗嘗意想不到的火雞料理,記得每週三可以到共和市場尋找火雞肉攤車的身影。

2
BODY

看！
用眼睛逛懂市場

點兵派將的陳列哲學

攤販的叫賣聲，人流的擁擠感，蔬果香、
熟食味，走入市場總有滿滿的五感體驗。
當然，忙碌打轉的眼睛也不得閒，菜攤上
的各式蔬菜、肉攤上的新鮮肉品、當季水
果、生活器具、服裝飾品⋯⋯市場的多和
雜，「眼睛」最能享受其中樂趣。

撰文●黃美惠．攝影●安比

▌比你先一步踏入市場的，是眼睛

與市街相容的東市場，有著四通八達的優勢，熟悉攤位分布的老練消費者，總能穿梭自如，以最有效率的方式購物。而對於初來乍到的新手而言，除交通便利，其實還能用「眼睛」逛出門道。

沿著街道依次緊鄰的攤位，攤位上分類明確、陳列整齊的商品，無論從哪個方向走入，都能感受到東市場的「雜中有序」。而在豐富品項之中，若細細端詳攤販們的展示撇步，便可發現其中藏著各種銷售巧思。

▌看懂點兵派將的陳列哲學

「滿街盡是黃金甲」是由和平路和中正路交叉口進到東市場的第一印象。一顆顆挨個排齊，一堆堆橫疊豎放，系出嘉義民雄、高雄

大樹或是台中的鳳梨大軍,以最合適的姿態
擺開陣法,攻略消費者的眼球和錢包。

　　優秀的品種改良技術,讓台灣的鳳梨突破
季節的限制,成為一整年都吃得到的水果。
不過,貨源穩定並不是潘老闆以「數大便是美」
作為展示策略的原因,在他的水果攤上,每

一處的擺放就像棋盤上每一子的落位，皆有道理。

順著車子、行人行走的方向，潘老闆首先派出能獨立作戰的大鳳梨，將他們依照顏色、品種，一顆一顆、整齊的立在有高低層次的商品架上，「這樣可以讓客人首先看到大又漂

亮的鳳梨，賣相好之外，熟度、品種也很好
區分。」邊說著，他邊指出架上數量最多的是
正「著時」、受大部分人歡迎的金鑽，個頭較
大、重量較重的西瓜鳳梨則被安排在最低處。

　攤位左側又以賣相再分出幾支鳳梨隊伍，
大小不足獨立展示、卻也飽滿漂亮者分入兩
粒一百的行列，個頭小但不減滋味的歸為三

粒五十的架上,「會買這區的客人大部分喜歡
自己慢慢挑,而且一次會買好幾顆,這樣擺
可以多些選擇,也不用一直補貨。」看似單純
從視覺上做出變化的陳列設計,其實蘊含著
生意人對顧客需求、消費習慣的精準掌握。
量大而細緻的策略成功擄獲熟客的味蕾和新
客的目光。

看出兼容零售批發的銷售模式

　　嘴裡說著生意經，他手裡也沒閒著，抓著鳳梨頭，俐落幾刀，一顆鳳梨便卸甲裝袋。「老闆幫我挑一顆金鑽！」「熟一點的嗎？」「馬上要吃的，但不要太熟。」來買鳳梨的客人一位接著一位，這是水果攤下午的光景。

　　用攤位來指稱潘老闆的店似乎有些不準確，因為攤位後方堆滿一箱箱鳳梨的店面是水果攤的倉庫，數量之龐大，令人驚訝，畢竟在市場裡商品的賣相特別重要，尤其是具有時效性的食材，平衡銷售量與進貨量是在市場立足的基本功夫。「銷不出去？不會啦，我們也有宅配！很多客人會大量訂購。」原來，潘老闆的水果攤已經不僅應對著來到攤位上的客人，還面向批發市場，也因此有底氣可以日日擺放出大量的鳳梨，任君挑選。

同時做著零售小賣和大量批發的銷售模式並非潘老闆獨有，在東市場不少攤位都是如此經營。如何兼顧？做生意的訣竅自是各家各法，從不主動說破，不過雖未言說，攤位上量足且穩定的特色，還是讓人一眼就看懂老闆的經營策略。

看不盡的經營用心和巧思

不僅潘老闆有多套陳列哲學，另一攤專賣芒果的大姐也有多年經驗累積的心法。有別於其他攤位將芒果擺放成堆，她將芒果一顆接著一

顆逐一平放在商品架上，並依照品種、大小分類，標示價錢。除了視覺上看著多且一目瞭然，為了增添平放後削弱的氣勢，大姐將套在水果上的保護套集中，鋪在芒果下，發揮墊高、防撞功能之餘，更有隔絕的效果，「我用的是鐵架，容易吸熱，芒果一熱就熟，會縮短保存時間。」她隨手翻開一顆芒果的背面，光滑而無壓痕，怕熱的嘉義人對於散熱「果然」有一套。

看來，攤位上陳列的門道看得到，老闆們經營的巧思卻是怎麼也看不盡的。東市場的老闆們還有哪些小祕密？可要睜大眼睛逛逛才知道！

3
BODY

看得見的
市場街聲

用耳朵採集日光的序幕

東市場是怎麼慢慢甦醒的呢？伴隨商家的
營生節奏，豬肉攤最早，而後是魚攤、飲
食店、蔬菜攤等等。太陽升起，市場從單
聲道切換為多聲部，機車引擎聲漸漸蓋過
了人聲；神明生日時，雙忠廟旁架起了布
袋戲棚，演戲給神明看，也讓路人一起聽。
今天市場裡有什麼聲音？讓我們一起打開
耳朵，聽聽、看。

撰文●蔡郁青‧攝影●安比

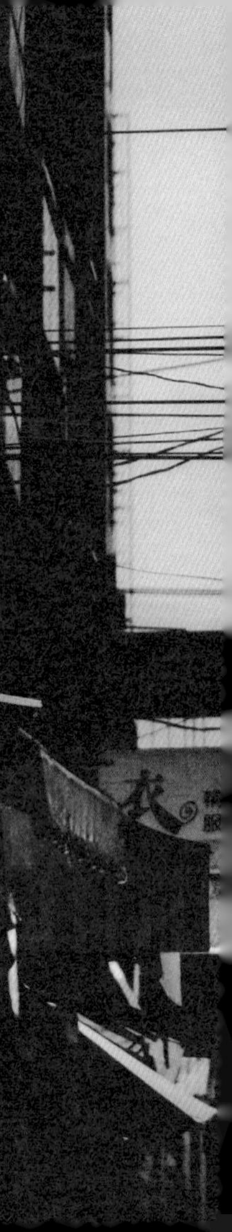

剝 豬 頭

強而有力的迴響，
讓人聯想到工地施工的震盪

　　處理一隻豬所發出的聲音太多元了！磨刀聲、敲擊聲還有豬腿「斷腳筋」的彈簧聲，豬頭最費力，往往是最後一道工序，由下顎處下手，憑藉刀的重量順勢出力「磅！磅！磅！」，頭骨已劈成三等分。

　　午夜東市場的豬肉砧乒乓作響，剝骨師各就其位，忙著處理屠體。師傅們不被尋常時刻逛市場的人所見，專司拔除豬骨之職，皆自由接案、不隸屬特定攤主。正在阿玉商號工作的剝骨師 26 歲入行已屆三年，今日要負責 16 隻豬。晚上 10 點開工、隔天凌晨 3 點收工，他依序奔赴南田市場、東市場、北興街及零星的路邊豬肉攤，其中，大盤批發商阿玉的委託量佔最大宗。去除全豬豬骨需約 20 分鐘，工錢算「豬」頭平均一隻 200 元，師傅說：「這是計算時間的工作」。剝除了豬骨，肉攤才能接續進行大部、細部分解，並切分出梅花肉、松阪肉等消費者能辨識的部位。和時間賽跑之外，剝骨師也需在理解屠體構造的前提下使用巧勁，埋頭出力只會後繼無力。掌握效率、懂得適當用力，是這份職涯能長能久的關鍵。

骨肉分離之聲，
像皮膚上的痠痛貼布慢慢被撕下

有撕過身上的撒隆巴斯嗎？沒錯，將羊肉從肋骨刮除的聲音和那差不多，而且是小張的。蔡家本產羊肉主售羊肉湯，營業前兩小時，第三代老闆正忙著處理羊骨最多的胸腔部位。為一頭破百斤的豬剝骨只需十來分，體型小很多的羊卻得花一小時，這速度差距的關鍵在「羊肉比」──每隻羊僅有三成肉，其餘七成是內臟和骨架。「羊肉本來就少，如果像豬排骨那樣連著肉賣，就等於沒肉了」，一隻羊的價值等同兩頭豬，羊骨帶肉不僅不符成本還可能賠錢，因此去骨時需細細將羊肉剃除，聲響也就斯文得多。

羊肉市場小，末端售價不能太高，在開放國外羊肉進口以前，攤主多自行剝骨以節省開銷，第二代的老老闆豪氣地說：「全嘉義市還在剝羊骨的人，現在大概只剩我們了」。沒想過直接買現成羊肉嗎？「國產溫體羊好吃多啦！手工的較香、較幼路（iù-lōo，細緻）」兩位攤主不約而同地秒答。若拔豬骨是熱鬧歡快的，除羊骨則像輕聲細語，說著不浪費的原則、一條龍的營生形式和對好滋味的堅持。

除 羊 骨

斷 斷 斷 斷

斷 斷 斷

機 器 切 筍 絲

接近影印機快速輸出好幾張厚紙的沙沙聲

阿南的筍子專賣,位於共和路,攤位上擺著兩簍當季綠竹筍、幾包筍絲,乍看像是「加減賣」的零售小攤。原來,這只是展售部分商品的前台,重點工作場域在幾步之遙的後台倉庫區。凌晨4點開工,老闆吳啟南忙著和客戶通話確認訂單,背景音是竹筍切絲機上工的沙沙聲。筍子有鐵質、會氧化發紅,阿南家的筍絲講求鮮度,每天都是現刨現賣。

手足從小在共和路長大,幫忙爸爸經營筍攤,後來大哥去南田市場開業,阿南則繼續在這裡做中盤及零售生意。東市場擴張的同時卻也稀釋了客源,阿南說他只是和那句台語俗諺一樣「在戲棚下站比較久」,服務固定的餐廳、小吃攤、辦桌師傅等老顧客,已經足夠忙整年。他們重視品質,批貨成本、售價都較高,卻因此能穩定提供漂亮好吃的鮮筍。竹筍出身涼爽山區,阿南順應它的生長特性,交貨時特別注重溫度,將一簍簍筍絲蓋上濕布了才出車,連賣給熟客的單支鮮筍也熱心交代:「筍子你買了會馬上回家嗎?先冰我們這裡,離開市場之前再來拿啦!」

碎冰摩擦聲和保麗龍一樣蓬鬆但充滿水分
重磅敲擊接在輕柔主調之後，是冷不防的收尾

天還未亮，酥脆的碎冰聲在零售市場周圍鋪了起來。魚攤鋪完冰之後先拿鏟子拍打冰塊，再隔著透明塑膠布依序擺上海鮮。店舖區 4 號的魚攤一家來自東石，做的是海魚批發生意，他們說，拍打能破壞冰塊結構，令它扎實不易融化，不過「吃海水」的魚若直接與淡水冰塊接觸便會變白、影響賣相，所以必須用塑膠布隔離。

「布置好之後，客人來看就知道『這批是被挑過的』了。」身為大盤商的他們有兩類客群，一是批發商「大賣」，二是零售商「小賣」及海產店等。為了讓遠從雲林等外地來的大賣採買，一家人半夜 3 點便自東石出發，趕在 4 點前開張。提供予批發和零售的魚類相同、售價不同，原則是先搶先贏，批發的魚貨整箱整箱地倒在檯面上，只有給小賣的才會整齊擺放，5 點一過，批發商便差不多挑完了。為東市場的魚攤結完帳，老闆娘順口說：「我們給小賣的價錢不會太高，因為也是要貼（tah）一些給人家賺啊！」碎冰前、碎冰後，是時間的分隔，也是客群與售價的分隔。

鋪碎冰、壓碎冰

嘿嘿！

按 秤 重 機

穿插在討價與還價中公平理性的電子音

　　早晨 6 點，文昌街已聚集不少菜攤，除了市民以外，也有竹崎鄉等嘉義縣的居民來此設攤，陳春嬛便自民雄而來，承接公公的菜攤生意。丈夫以種植蓮藕為業，大支的蓮藕價格高，送往北部果菜市場銷售，「管子」和小支的「二路仔」則跟著陳春嬛來到東市場。每年 5 月到 10 月，除了各季常備蔬菜，蓮藕也大量出現在攤位上，它們被分為兩區，前一天的蓮藕擺在對面便宜賣，跟新鮮的價錢不同，「嗶嗶！」秤重機上的數值映照出品質。

　　菜好漂亮怎麼賣？多買一點怎麼算？預算有限怎麼辦？客人們不停地換句話說，討論能否「算便宜一點」，數據之間的人情讓售價有了彈性，而陳春嬛選品的眼光也吸引其他市場的菜販前來訂菜。她每天下午 1 點收攤，緊接著趕去民雄江厝店批貨，4 點再度回到東市場並將陣地轉往共和路一處騎樓前，以一小時為限，擺上中午留下來的蔬菜，也補上熱門新品，供下班後的職業婦女挑選。北部和南部、今天和昨日、早晨和黃昏，相異的經營策略回應著不同受眾的需求。

魚骨的喀聲，像指甲刮過梳子般有彈性的連續

堪比橡膠玩具的蛙聲，

讓人分不清是田雞還是慘叫雞

「鱔魚當然是要活體的啊！等到牠死掉了之後再殺就不新鮮了對不對？」忠孝路的「現殺鱔魚」從凌晨 4 點起營業到傍晚 5 點半，販售黃鱔、鰻魚、青蛙等沒有鱗片的水產。現殺，即處理生命從活著到死亡的過渡，刀一下，上一秒還活跳跳的，這瞬間就軟趴趴了。殺魚的刀工是否順暢，可由聲音判斷，尤其一般炒鱔魚店常用的小型品種，因骨頭細小，入刀滑順時幾乎是無聲的，若發出聲響便代表角度沒抓準、切到魚骨。拜滑溜的皮膚所賜，鱔魚事先被電過才迷糊赴死，虎皮蛙就沒這麼幸運了，會意識到上顎被拔除而發出尖細蛙鳴，中樞神經尚未切斷之前不僅能叫還能跳，最後一舞的姿態令人印象深刻。美容養顏用青蛙、燉補買黃鱔、海產店和專賣店要的鱔魚品種不同，種種需求等著店家抓緊時間回應。高峰時段之間的幾個空檔，「現殺」的新鮮聲響再度起落，埋藏在開市後忙碌的人車聲潮中。

剖鱔魚、殺青蛙

豐富東市日常的叫賣人聲

第 **1** 聲 ─ 來字訣

來來來來來哩來哩來

> 來，看要什麼？
> 來，欲愛啥？
> 來！看一下、看一下欸！
> 來，先生你欲啥物？
> 來！攏來看覓！
>
> 嘿來，阿桑今仔日欲食啥？
>
> 來，小姐看看，水果～
>
> 才閣來喔！謝謝啦！

第 **2** 聲 ─ 商品主打

喊出品名刺激購物慾

> 水果欲食無？俗俗仔賣啦！
> 花椰菜要嗎？
> 高麗菜有需要嗎？一斤 40 ～
> 蓮藕、苦瓜、菜頭喔！看看！
> 雞蛋，看覓欸！

買越多！省越多！

第 **3** 聲 — CP值主打

> 涼麵三盒 100 喔！
> 特價只有今天！
> 柑仔蜜四粒 50，都是現採的！
> 好來 113，算你 110 就好謝謝！
> 花椰菜一朵 35、後面的一朵 40、
> 那邊的三朵 100，看要哪種？

客製化選品兼授烹飪技巧

第 **4** 聲 — 服務主打

> 煮湯喔，
> 我來給你選熟一點的～
> 我都跟客人說這可以
> 買回去燉湯，好吃喔！

> 這花椰菜是「幼花」，
> 嫩的！我幫你選一朵漂亮的！
> 你剩 30 塊嗎？
> 來啦！菜頭我挑這粒給你啦！
> 你要煮什麼的？

廣告不實卻讓人好·想·買

第 **5** 聲 — 幽默感主打

> 這支筍子好吃啦！含著就融化了啦！
> 啊但是吞的時候記得要咬。
> 新營來的涼麵喔！
> 吃了會變聰明，不吃會後悔內～
> 真的！！！

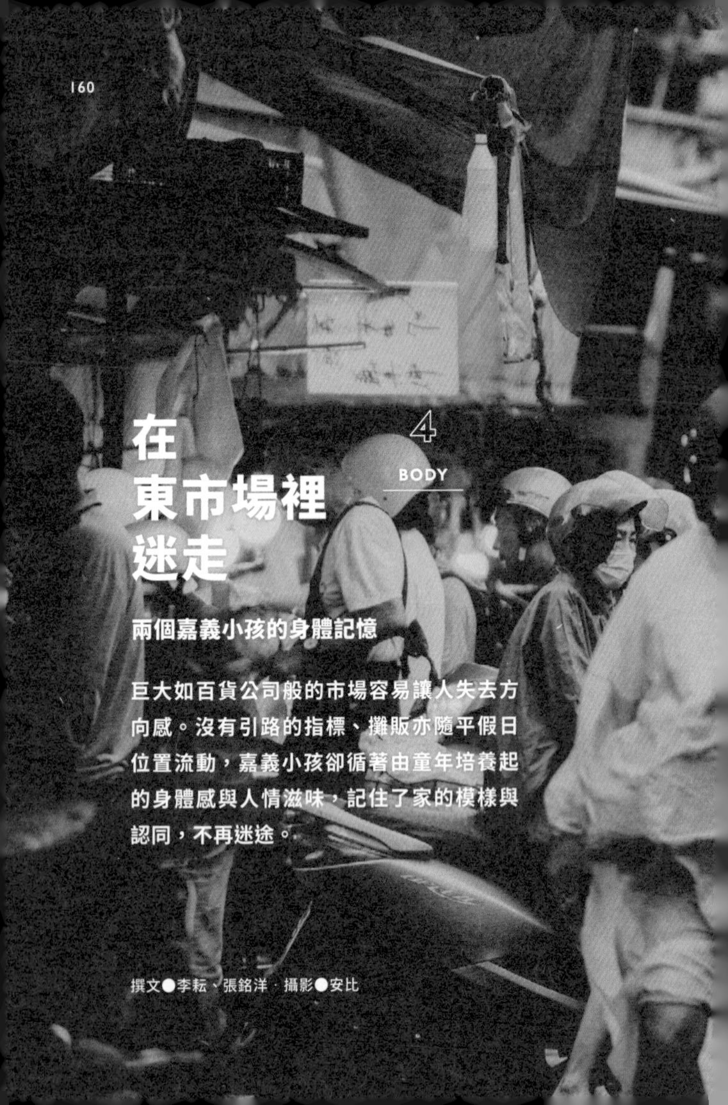

在東市場裡迷走

4
BODY

兩個嘉義小孩的身體記憶

巨大如百貨公司般的市場容易讓人失去方向感。沒有引路的指標、攤販亦隨平假日位置流動,嘉義小孩卻循著由童年培養起的身體感與人情滋味,記住了家的模樣與認同,不再迷途。

撰文●李耘、張銘洋 · 攝影●安比

● 李耘　嘉義小孩資歷 16 年
民族里的東市場和共和市場，猶如大型露天百貨公司，只有想不到，沒有買不到。

● 張銘洋　嘉義小孩資歷 24 年
市場不是只有銀貨兩訖的生意關係，攤販背後的家庭故事、人際網絡之間的愛恨情仇，往往比武俠小說還更千絲萬縷、比台劇八點檔還更魔幻寫實。

● 嘉義小孩代表 1 | 李耘：

不再於東市場迷途之後，
感覺也被接納、歸屬成了嘉義人

　　作為住在民族里外的嘉義居民，每次要進到市區或到火車站都會感到格外煩躁。不論是走民族路、忠孝路、文昌街、光華路、共和路，溢出店面的攤販和商品、爭相前進且互不相讓的摩托車、提著大包小包並撐著陽傘的路人，對於只是要經過的人來說，需突破時間與心理成本都十分高昂的重重關卡，只知道這裡是個平常會盡量避開的地方。

　　但也依稀知道，家裡吃的、用的好像都從這裡來。爸爸媽媽皆非嘉義人，我也非在嘉義出生。他們選擇移居嘉義工作、養小孩，在無依的異鄉靠自己摸索出生活機能。而最初遷移到這裡，第一件事就是到東市場購買入厝拜拜用的水果和紙錢；這裡成為全家在嘉義生活的起

因臨近城隍廟，東市場附近有相當多拜拜用品店。

東市場猶如露天百貨公司，什麼都買得到。

點，往後，在東市場消費逐漸成為常態。從最
基本的菜和水果、每週六煮湯必備的排骨酥與
魚丸、廚房裡的刀具與砧板、拜拜用的香跟金
紙、騎摩托車穿的防曬外套，民族里的東市場
和共和市場，猶如大型露天百貨公司，只有想
不到，沒有買不到。

遍地難尋的甜麵醬，
在市場雜貨店裡卻有三種以上可選

東市場的包羅萬象，是直到有次奶奶準備傳授炸醬作法給朋友才讓我恍然大悟。平常住在台北的奶奶，原先打算將材料備齊再帶到嘉義示範，但卻遍尋不著最重要的食材：甜麵醬。炸醬除了必備的絞肉，還需要甜麵醬作為基底；然而奶奶的食譜中，需要的甜麵醬不是一般超市所售的偏甜、質地稀、易流動的罐裝產品，而是質地厚且顏色深邃、最好能看見些微顆粒狀的醬，並還需準備另一種豆醬來增加層次。

記憶中在家附近跑了三、四間超市和食品店，都找無想要的那一味，堆疊的挫折最後繞到了共和市場的某間雜貨店。店裡販售著數種醬料，光甜麵醬就有三種以上可以選擇，那黏稠、厚實的甜麵醬和豆醬就這樣不可思議地找到了，危機成功化解。當時年紀還小

的我，不記得奶奶的食譜，也不記得雜貨店
的位置與醬的牌子了，但我記得，那裡什麼
都有。

▌以熟食攤作為標記，辨認出複雜市場中的方位

國小、國中有時會和爸媽一起逛東市場與
共和市場，但目的當然不是採買，而是市場
的熟食。熟食成為我對於市場最熟悉且深刻
的記憶：羊肉湯、牛肉湯、魯熟肉、肉乾，
這些店不約而同地在市場的外圍，不需要進
到擁擠吵鬧的人流中，畫起了食物、還有我
與市場的生熟界線。外圍熟食攤販、商店的
地點好記，還有著明顯的店名和招牌，除了
標示出販售項目，更作為地標，讓人們在攤
販種類高度重複的菜市場裡辨別方向和位
置。肉乾對面買水果跟蛋、魚丸旁邊買柴魚
跟乾香菇、甜品店要轉彎、魯熟肉是回家的
方向。

　　再大一點，開始對煮吃有興趣，自己偶爾
會到民族里閒晃，邊走邊尋找烹飪靈感。有
時想得太起勁，一回過神就忘了所在地點或
要往哪前進，得要花大把時間在茫茫人潮與
攤位中重新對焦。這在廣大的市場中不是件
簡單的事，眼花撩亂的攤販也成為定位的一
大阻礙，但卻發現東市場中，販售類似商品的
攤販會集結在一起，無形的秩序規束著市場
的生態，是種充滿著規律與節奏的安全感。

除了生鮮，市場外圍
還有各種熟食攤販。

▌對市場方位的熟悉，
也帶自己擁抱了對嘉義的認同

　　失去方向感的惶恐和前來民族里閒晃的次數成反比，漸漸地習得在市場中迅速辨別方位的技能，找到自身的定位——不只地理上是，心理上也是。還記得小時候自我介紹時都很掙扎，不知道要跟別人介紹自己是台北人還是嘉義人，頂多說出個我住在嘉義。但現在能夠說出哪裡可以買到「上鮮」的田雞、用料最實在的魚丸，還有調味最為適中的肉乾。對於民族里的熟悉，似乎讓人掌握了生活在這座城市的整體商業脈絡，還有被接納，與歸屬為一個嘉義人。

● 嘉義小孩代表 2 ｜ 張銘洋：

作為一個市場小孩，在銀貨兩訖間
更看見了糾葛的人情

　　家庭在被廣泛認為東市場與共和市場共構領
域最外圍的公明路上經營生意，劃分上並不包含

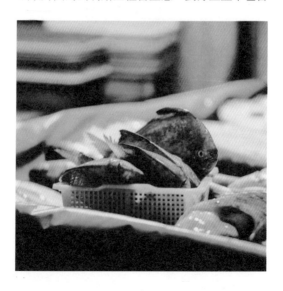

在民族里內。由於家中多數時間是自己煮食，外食機會較少，一旁廣大的市場便成為我們家日常採買和購物的重要場所。自家生活在其間，同時有著銷售者和消費者的身分，雖然不是家中的經營人或採買者，但自小我似乎就認同自己是一個「市場人」（至少是住在市場旁邊的人）。

魚攤現宰河鮮，是我小時候看到的第一部保護級短片

記得小學時期，家中長輩很喜歡帶我逛菜市場。阿公常抱著我去靠近公明路與共和路口的真情味肉乾肉鬆店，他家的肉鬆口感酥柴、味

道鹹香，拌入煮到黏稠的白粥入口適合不過。老闆個性如其店名，總是熱情地拿著塑膠湯匙，從十幾個裝著不同肉鬆的壓克力箱中舀出產品招待顧客。當時不諳人情世故的我，每次試完一種口味總會再跟老闆討要幾口，阿公則會開啟生意人模式，和老闆聊天盤撋（puânn-nuá）作為掩護，直到試吃完畢，再一手抱我，一手提起兩大袋肉鬆心滿意足的離開。

　　偶爾，阿媽也會帶著我去市場。印象深刻的是在一次買魚經驗中，阿媽選定目標後，老闆娘俐落地從亮橘色的塑膠桶中抓起魚，然後狠狠地往魚身敲上幾棍直至昏厥，接著沖水去鱗、開腸剖腹、洗滌除血、分切裝袋，最後一手交錢、一手交貨，完成交易。短短三分鐘過程，雖是市場河鮮買賣再平常不過的場景，當時的我看來卻覺得異常震撼，至今腦裡還模糊記得現場的生猛血腥。在沒有影視分級制度的現實世界裡，這或可說是我小時候看到的第一部保護級短片。

▌市場不只有銀貨兩訖的生意，更有人情交陪

國高中時期，家裡增加外食頻率。走進市場，從牛雜湯、春捲到八寶冰，再從羊肉、米糕到雞肉攤，媽媽總會向我介紹哪一攤也是我們家的客戶，哪一攤與阿公、阿媽有著多年交情。除此之外，當然也少不了誰家老闆娘不認得字卻是股市明燈，誰家二代為了經營理念分家的八卦傳聞。到了這階段，我才開始了解市場不是只有銀貨兩訖的生意關係，攤販背後的家庭故事、人際網絡之間的愛恨情仇，往往比武俠小說還更千絲萬縷、比台劇八點檔還更魔幻寫實。

成年後外出求學，回家的機會少了。久久一次走進市場，能發現有些熟悉的店家還在，有些已經退休。不過不管是小時候、還是長大後，不變的是即便覺得市場擁擠，但還是感覺規模好大好廣，而且還在持續成長，總覺得這裡蘊含無盡的探索和發現。

　人與人因為結市而相互結識，消費者和銷
售者秉著獲取所需的心態進到市場，再發展
出盤根錯節的人情交陪。我所熟悉的市場不
僅是購物的地方，也像是充滿精心安排和隨
機事件的真實劇場，魚米肉菜的商品陳列、
討價還價的言行舉止都是市場人們身體和情
感的本色演出。下次走進市場，你想成為其
中的什麼角色？

⑦

里的隱藏版

B, SIDE

攝影●安比

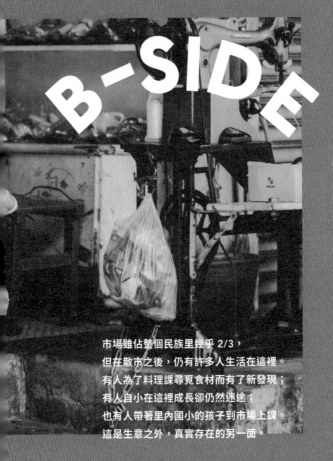

B-SIDE B

市場雖佔整個民族里幾乎 2/3，
但在散市之後，仍有許多人生活在這裡。
有人為了料理課尋覓食材而有了新發現；
有人自小在這裡成長卻仍然迷途；
也有人帶著里內國小的孩子到市場上課。
這是生意之外，真實存在的另一面。

東市場中的
台韓紅色食物

B-SIDE　百年老市場裡的飲食跨國研究

1

日治時期重新整頓後的東市場，於大正三年（西元
1914）啟用至今，已有百餘年歷史，到現在仍是嘉
義人的日常生活糧倉。而我與東市場結下的不解之
緣——卻始於韓式料理；每週的韓式料理課程，總讓
我在清晨時分穿梭於繁忙的東市場中採買食材。騎著
摩托車在商業氣圍如此活絡的場域中，映入眼簾的是
日治時期留下的檜木建築，散發出古色古香的氣息，
卻也蘊含著傳統東市場的樸實情感。進入東市場手裡
買的是人情味，嘴裡吃進的是家鄉味，而我的一天也
就從這裡開始。

撰文●張鑫莉　·攝影●安比

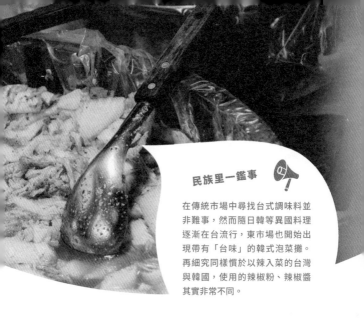

民族里一鑑事 📢

在傳統市場中尋找台式調味料並
非難事，然而隨日韓等異國料理
逐漸在台流行，東市場也開始出
現帶有「台味」的韓式泡菜攤。
再細究同樣慣於以辣入菜的台灣
與韓國，使用的辣椒粉、辣椒醬
其實非常不同。

▌紅色調味料之一：
台韓辣椒粉，在菜餚裡各有主、配角之分

在充滿熱情活絡叫賣聲的東市場中，想找
尋辣椒粉的身影，通常只要循著辛香料攤販
或雜貨店就能購得。台式辣椒粉採天然日曬，
或以低溫長時間乾燥完整保留營養成分與香
氣，最後再依功用分別製成粗粉或細粉。

在東市場中的辣椒粉，大多依照辣椒品種
不同而命名為雞心辣椒粉、朝天椒辣椒粉
等；販售則以密封小包裝，或是依需求秤重。
攤商老闆娘詢問：「是不是要買『番仔薑粉』
啊？」究其台語語源，就足以見其主材料——
紅辣椒為外來品種的身分。因此在台式料理
中直接添加辣椒粉的菜餚較少，並不普遍食
用，日常飲食中多扮演配角，如在市場吃肉
羹時舀入增添風味的辣椒粉，或是涼麵上那
畫龍點睛的辣油等。

近年因零星調料驗出蘇丹紅的事件，市場多數攤商暫停販售辣椒粉，僅可見新鮮紅辣椒。

　而韓式辣椒粉為韓式料理中的精髓,幾乎每一道料理都會添加。不同於台式辣椒粉,韓式辣椒粉會依照辣味強度、外觀色澤、香氣、口感等來區分等級,大多分為一到三級,一級為最佳品質,香氣濃郁且辛辣感較高,可賦予菜餚更多的風味,而等級越高價格也就越貴。

▌紅色調味料之二:嘉義在地產的雞標辣椒醬,與什麼菜都用得上的韓式辣醬

　從忠孝路與光彩街入口處,走進東市場檜木搭建的主體裡,醬菜兼具雜貨的多功能複合型店鋪映入眼簾。架上五花八門的調味料,其中透明玻璃瓶一眼就能望穿的辣椒醬,就如其質樸本質,恰與鮮豔奪目的紅色形成強烈對比。這裡有幾個廠牌是市場雜貨店限定版,在全聯或各大賣場買不到,不過對於初來乍到的人,即便在各廠牌間仔細比較,仍難以下手。詢問老闆娘在地產辣椒醬,

通常會拿出「雞標辣椒醬」；瓶身印有頗具時
代感的一隻雞註冊商標，右側印有淺白易懂
的新鮮紅辣椒。

　　詢問第三代經營者，對方回覆道，「開業至
今走過近一甲子的時間，當時是另請設計師
設計，無法確定花種究竟爲何，不過印上紅辣
椒是爲了讓消費者好懂內容物爲何。」仔細端
詳製作原料，以辣椒、黃豆、糯米、鹽、糖
等天然食材打造香醇辣味，作爲沾醬或是淋
在米糕、炒麵、炒米粉上，一入口的紅辣椒
香氣是小吃店的辣味良伴，更是嘉義人回憶
中的辣味靈魂。而雞標延續著家傳品牌的使

B - S I D E 183

命,搭配雜貨店限定的販賣模式,與傳統市場的平實氛圍,相得益彰,卻盡顯不凡。

有別於台式辣椒醬,韓式辣椒醬為家家戶戶必不可缺的醬料,主要裝於紅色 PP 材質的紅色塑膠盒,於各大賣場販售。添加入菜烹調,如辣炒年糕、春川辣炒雞……等韓式料理,或用於涼拌,像是涼拌明太魚乾小菜等。其主要原料有玉米糖漿、紅辣椒粉、水、鹽、大蒜、洋蔥、鹽等,鹹度與辣度較高,顏色也較台式辣椒醬暗沉。

▌似若孿生的紅色庶民佳餚:
台灣紅粉腸與韓國血腸

北部稱為黑白切,台南稱為香腸熟肉,而在嘉義則稱為魯熟肉。其菜色融合了黑白切與香腸熟肉品項,在東市場附近有主攻上午場,也有主打下午場的店家,不過這項庶民小吃,饕客對於每項單品都各有所好。其中光顏色

就足以刺激食慾的紅粉腸，可數心頭最佳。
紅粉腸又稱灌漿粉腸，豬大腸洗淨後，灌入
添加紅麴的地瓜粉漿與肉塊；紅麴量多寡會
影響色澤偏粉白或偏紅，而地瓜粉漿與瘦肉
塊的比例則會影響口感爲軟糯或具彈性。通
常蒸完後起鍋，需放涼才可食用，搭配加入
少許芥末的蒜頭醬油，堪稱人間美味。若你
詢問老闆美味祕訣，只會得到四字箴言「食材
新鮮」，一開始無法了解這簡單道理，然而這
卻是最樸素的美味祕法。因爲市場凌晨時分
屠宰分肢的豬體，先分送至下游店家，上午
場在凌晨必須先將臟器清洗乾淨；清洗之繁
瑣，製作工序之複雜，最後只需以極簡烹調
手法，入口時沾少許醬油，新鮮與否，立見
分明。

　　有別於紅粉腸，韓國市場也賣血腸，外觀
色澤爲深暗紅色。血腸的製作方式，是在豬
小腸中灌入混合糯米、擰過水分的細碎蔬菜
（綠豆芽、韓國大白菜等）的豬血，再蒸熟

來食用，此為傳統糯米血腸。不過在韓國西元 1960 年代後期，因為養豬事業蓬勃發展，豬肉多出口日本，臟器大量於韓國國內流通販售，便以價格較低廉的韓式冬粉來取代糯米，製成現今我們常見的韓國血腸。而後市場也出現血腸湯飯，並深受一般大眾所喜歡，此後血腸就與庶民食物畫上等號了。

台灣紅粉腸與韓國血腸外觀雖都是紅色，但原料大不相同。

販售台灣醃製泡菜、醬菜、螺肉的攤販，現在也兼售帶有台味的韓式泡菜。

▌ 東市場也吹起的紅色韓風： 帶有台味的韓式泡菜

　　和十幾年前的市場生態相較，近年由於韓流影響，飲食上也吹起了一陣市場韓風，連原先販售台式醬菜的店鋪也賣起韓式泡菜。老闆娘說：「已經賣了很久了，不知道是從什麼時候開始，但大概是從韓式料理進來台灣後開始賣的，主要是火鍋店和炒肉片店會用到。」在韓流影響台灣後，日常飲食因為受到異國風潮的影響，市場人潮最多的週末，販售韓式泡菜的攤販就多達四家。

　　韓式泡菜在醃漬過程中添加粗辣椒粉、
鯷魚魚露與蝦醬，經過發酵工序，口味上酸
辣兼具，入口後尾韻微微帶魚露與蝦醬的鮮
味。然而進入台灣後口味融合了台灣飲食習
慣，除了辣味降低之外，甜味也提升許多。

　　此種專屬市場的韓式泡菜，不怎麼正宗
道地卻也極受歡迎。這大概在日常不經意的
味覺習慣中，慢慢侵蝕著大眾的味覺情感，
熟悉卻又帶點陌生的味道，最終也成了專屬
市場的韓風。未曾有一絲違和感、又多了點
在地台味，我想這就是專屬傳統市場的異國
風味。

民族里一鑑事

市場佔了民族里 2/3，而另外 1/3 則是民族國小。比鄰的二地中間僅隔一條民族路。《嘉義小旅行》作者陳俊文老師與校方合作，連續十多年帶著學校裡的孩子走讀東市場，凝聚起校內師生與里民的地方認同。

來民族里東市場上課

B-SIDE 民族國小的行動課

2

民族里紅毛井一帶是嘉義地區最早開發的地方之一，後來城市就以此為核心發散，從荷治紅毛井、明朝屯兵、清朝縣衙、日治東市場等；於是我在書寫《嘉義小旅行》這本書時，以歷史打底，我的氣味記憶為引，開宗明義第一條路線，就是寫「紅毛井－東市場」，副標是「城隍廟，東市場，雙忠廟」。我引用義大利作家卡爾維諾《看不見的城市》來形容這個地方，「這座城市不會訴說它的過去，而是像手紋一樣包容著過去，寫在街角，在窗戶柵欄……」這本書於民國 102 年出版，也成為第一本以嘉義市為主題的書籍。

撰文●陳俊文．攝影●安比．照片提供●民族國小

所有民族里的鄉親，其實都是學弟學妹

民族里是行政區域的劃分，嘉義人還是習慣稱這裡爲東市場，更老一輩的人會叫這裡爲東門町。日治時期這裡就設有「東門公學校」，戰後遷移到現址，改名爲「民族國小」；這是所百年歷史的優良名校，整個民族里的人，全都在這學校中有段美好的童年回憶。

以「介紹鄰居」為概念，陳俊文老師帶著民族國小學生走讀市場。

　　當年，民族國小因為採購我的書，當作班級共讀書箱，於是教務主任施如娟邀請我去學校導讀。主任表示雖然學校位於東市場旁，學生幾乎也都住在民族里，即便熟悉市場的生活日常，卻不知道其背後的歷史意義，加上學校有些老師不是在地人，也不知道怎麼帶領學生認識菜市場。

　　於是我以「介紹鄰居」的概念，以美食破題，分享民族里的歷史、信仰、產業、生活秩序等，以及如何分辨公有東市場和廣義東市場的區別。不久後，我又接到邀請，希望帶師生們走讀我演講中的東市場，於是就這樣持續帶領走讀，連續 11 年。

▍透過課程設計，
把整個學校師生與里民們凝聚起來

　　民族國小從南門城開始走入嘉義城內，民國 102 學年度開始，也由原本的彈性課程，慢慢發展、轉化。當教育部實施 108 新課綱時，民族國小就以東市場為核心，訂定「學校本位課程」，以藝術、食安、科技、國際四大課程主軸，再乘上六個年級，一共制定了 24 套自編主題跨領域課程。

　　整個民族里化身為遊戲關卡，不同年級的學生、不同領域的教師，每個學期，都必須深入東市場中，完成學校交付的任務。有採訪、踏查、專題報告、拍微電影、雙語化、遊記寫作、食安研究、菜園記錄、藝術創作、科技導入等，甚至還參與老店 logo 設計，建構東市場線上導覽影片。更與環保局合作監控空氣品質，與廟宇合作導入科技與創課設計，小小志工培訓等，而後榮獲教育部數位

學習深耕優良學校、閱讀磐石獎、國家環境教育獎等。

因為校本課程把整個學校師生和民族里鄉親們都凝在一起，也加深了學生們對家業認識與自我認同，鄰近家長也體現在行動上，在少子化的教育環境和虎年衝擊下，學校居然還逆勢增班。

主任可說是點子王，我總是會接到電話，「老師，今年我們要走……」，我其實也是設計遊戲關卡的大魔王，等到實際走讀時，我得變身成帶路人。

▊ 民族里是飲食的知識寶庫

　　因為擔任學校走讀老師，加上自我的寫作
計畫，想書寫有關飲食文化的書，我開始慢
慢學做菜。我幾乎每個週末早上都找市場攤
商們練功，劉里長火雞肉飯是我最常去的地
方。劉宗源里長總是坐鎮此地，隨叫隨到為
民族里鄉親們服務，我總是有許多飲食或市
場的怪問題來請教他，因為我不想被民族國
小的小朋友問倒，那真的很漏氣。

陳俊文老師帶領學生走讀民族里同時，亦展開飲食文化相關書寫。

　　劉里長是大家公認的好好先生和公道伯，不過佛也會發火。民國 105 年因火雞肉飯「正統」的爭議，他率隊北上去立法院「抗爭」——其實是請立委們吃飯——因為嘉義人不管好事壞事，都可以用一碗雞肉飯來解決。我也從那個時候開始研究嘉義火雞肉飯，我倆還一齊上過公視「hihi 導覽先生」介紹嘉義火雞肉飯。順道一提，民國 113 年 8 月，嘉義市立博物館辦理了《來嘉呷飯：嘉義火雞肉飯特展》。

雲科大王新衡老師在民族國小旁，修復了一處適合作為學生展覽空間的老屋。

搬來南門的台北人與「南門壹陸」

好友王新衡是雲科大文化資產系教授,我
們是參與古蹟研究時認識的。他的求學歷程很
特殊,是日本東京大學都市工學博士;多年
前他在民族國小側門的南門街 16 號買下一棟
木造老屋,並修復它,後取名為「南門壹陸」。
我引薦民族國小的教學團隊,互相認識,這裡
也變成了工作室與展覽空間,民族國小的校本
課程成果展多次策展在此。後來王老師也引進
大學資源,帶領研究生團隊,協助民族國小執
行 USR 計畫[註]。

[註] 由教育部所推行的「大學社會責任(University Social Responsibility)」計畫。

收市後，還是可以逛市場

B-SIDE　生意之外、日常之內的事

3

民族里一鑑事 📢

東市場建築體內的攤販多半於午後就會慢慢收攤，傍晚，則有共和路黃昏市場接棒熱鬧起來。許多旅人最為熟悉的民族里，是白日市場的喧鬧奔騰，然而還有些店家守著地方直到入夜……

東市場是我的嘉義起點。

二十多年前我初來嘉義被在地人帶去東市場，坐在人聲鼎沸的牛肉湯攤上，初嘗嘉義的氣味。大鍋裡翻騰的牛雜、打開蓋來冒出蒸氣的米糕籠、切魯熟肉還邊教吃的大嗓門阿姨……那日所見如同今日所見，所有場景都還鮮活在目。嘉義生活與東市場共生成一種很緊密的恆常，如同行星與它的衛星，默契地轉出一個又一個春夏秋冬。等到我五年多前移居嘉義，真的住到在地，東市場成為我時常路過的地方。我看過它精神煥發的晨起顏容，也看過它昏昏欲睡的深夜時刻，下市的菜市場很安靜，卻不是寂靜，還充滿了許多氣味與聲音。

撰文●李佳芳·攝影●安比

聲氣相通的小道，市場人生活的展示地

　　東市場看似「一座」市場，範圍卻不局限於建築，不只有正規的出入口，還有許多隱藏的通道連接細小巷弄，與老人家叫做「二通」的中正路聲氣相通。二通為日治時代所謂「本島人街」，意思是台籍商販做生意的地方，於是形成「批發商家的後門通菜市場的前門」的城市物流。

走入很有歷史感的中正路 185 巷，還能看見
鐵門上掛著寫有米血與正字的神祕招牌，這
裡是市場人的生產後台。

我喜歡從中正路 254 巷切進市場。小道
是市場人的生活之街，有住家，有倉庫，有
八寶冰店，有家庭理髮。窄道裡的房子親密
無間，房裡房外只隔一層鐵捲門的薄皮，老
人家就坐在家門口講話，不避隱私地敞開家
門，公開自己的明星私生活。都是拉下鐵門
不做生意的店，生意散了，人情卻沒散。

在逼仄的巷子裡，一線天被鐵窗與遮陽棚
切成不連續線，陽光進入得很委屈，即使再
燦爛，落到地面層也冷靜了八分，使得這裡
有如洞穴，安靜又清涼。看向洞口，人聲鼎
沸像是電視螢幕播放的畫面，感覺巷裡巷外
的時間是不同流速。低頭見路邊放的立牌，
上寫「剪髮 160 元，維多俐亞」，連物價都停
留在二十年前了。

▌祕密入口裡的豬砧，古老的地藏型攤子

　　我喜歡從服飾店旁祕密的入口（可味肉乾正面）鑽進市場，裡頭是東市場最古老的區域，也是老人家叫「豬砧」的生鮮肉品專區；要是深夜時刻來，有時還能遇到載滿屠體的豬肉車來分送貨物。而這裡還保留日式時代的木建築，抬頭可見宏偉木衍架與通氣的太子樓設計，為休息的菜市場開了真正的「日光燈」。

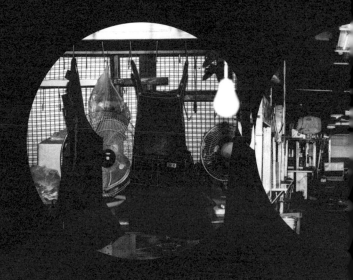

　　站在這裡，我常覺得不可思議，一座菜市場竟需要這麼多家肉鋪，數來有 2、30 攤吧。而我喜歡欣賞他們各有不同的攤位設計，使用不同年代的鐵材鋼料，從有手感的彎折打造到後現代的機械風，甚至還有遠古時期的全木造攤台，上面刻滿了時間。

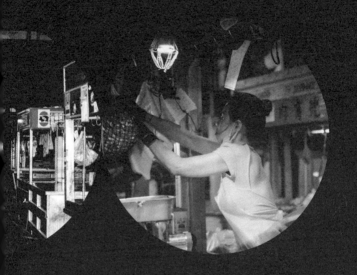

　　橫穿豬砧到市場的第二進，這裡有幾個退時的老攤子，很有味道的老攤只擺了幾桶肉鬆或是幾瓶醬油便算是做生意，彷彿美術館很不豐滿的美感陳列，而我從來不見人停下來買過，估計一天做不到多少生意。但每次來，總是有開，年紀已老到不可考的阿公還是挺直背，兢兢業業地坐在那兒。

　　我想這已經不是生意了，而是把個人慣習
徹底融進了市場，像守在街角度化寒暑春秋
的小地藏，把自己捨成城市裡的一道風景。

狹窄的攤與攤之間，藏了進入市場後台與生活人家的便道。

全日型營業的商街，百尺多段的迷你集市

走出市場，南北街道是「全日型營業」的攤商，且南街與北街是完全不同類型的集市。市場北的中正路貴氣十足，開的是精品、服飾、金銀樓、蔘藥行、西藥行；市場南的光彩街則很民生，一條街百來公尺有三變化，近吳鳳路是「青草街」，有京都花坊、裕源種子店、永昌種子店，有不少蔬果種苗，可以輕易種出一片多姿的家庭菜園；到城隍廟後門那段是「拜拜街」，因為是通往廟的捷徑，所以左右開了很多金香紙行與糕餅店，如：

盛芳珍、金明美、金億、新成美。少部分散賣糖果餅乾，大部分是祭祀用品，有「神明生日蛋糕」的壽桃塔、弄成尖錐造型的「五色豆」，以及盒裝的壽桃麻糬、紅圓、紅龜等。

同時，這裡也是「五金街」，有劍虹菜刀、新振發行等，主要賣鍋碗瓢盆，再走到勝大麵店那邊則是「粉麵街」，不少賣麵條、水餃皮、粿食的……不同產業各有集市，市街乍看散亂，仔細看是有規則。

發展到今日，東市場已超級外溢，像是不受控制的電路，連到「共和市場」或是「空軍市場」，成爲一片複雜的 CPU，運算這座城

市以及城市人的生活。而東市場與其他市場
隱微的界線，也只有上歲數的老人家才能區
辨，但在年輕或外地人眼中，反正所有的熱
鬧都概括叫東市場就對了。

　　但想想，我採訪在地人時常發現從事不同
行業或住在其他區的人，不約而同都與東市
場有點淵源。東市場像一團毛線，糾結了許
多理不清的人情世故，如果以這層面來想，
說全嘉義就是東市場，可能也不是錯的吧。

如地藏般的小店，展示生意人的寒暑春秋。

夜的民族里

B-SIDE

4

撰文●劉怡青 · 攝影●安比

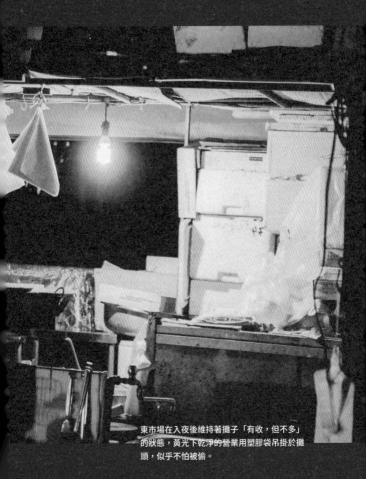

東市場在入夜後維持著攤子「有收，但不多」的狀態，黃光下乾淨的營業用塑膠袋吊掛於攤頭，似乎不怕被偷。

店開著，全家人索性就各拉一把小凳子，聚在店面吃晚餐。店即是家的展現，是一面扒著飯、盯著電視機，一面轉身就能招呼客人的親切感。

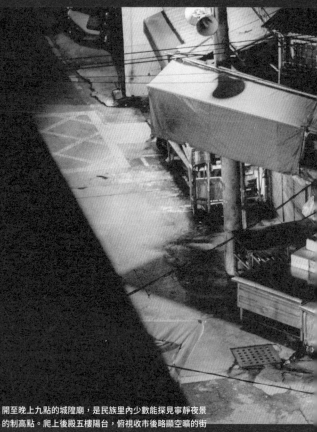

開至晚上九點的城隍廟,是民族里內少數能探見寧靜夜景
的制高點。爬上後殿五樓陽台,俯視收市後略顯空曠的街
道,不料少了攤販作為標誌,一時間辨認不出方位。

8

因
信
仰　而
聚

GODGOD

攝影●安比

GODGOD

除了東市場，
人們聚集此處還有另個重要原因
——那就是信仰。
擁有三百年歷史的嘉義城隍廟，
是相對於人間知縣，於冥界共同守護著地方的重要存在。

協管人間事務的
冥間城隍

從諸羅縣知縣神像探城隍廟起源

撰文●廖伯豪・攝影●安比

民族里一鑑事

嘉義城隍廟是舊城區相當重要的信仰中心，其背後又關聯著清代治台前期，諸羅縣治由佳里移至諸羅山的歷史。更特別的是，走入城隍廟正殿，可見一尊與其他神像不同的的木雕神像——其真實身分為諸羅縣知縣周鍾瑄。

嘉義縣城隍廟為嘉義市東區的重要清代廟宇，迄今亦是舊城區的信仰核心。當你逐步走入正殿時，途經三川殿上方所見清治同治 3 年至 5 年（西元 1864 至 1866 年）間任嘉義縣知縣之白鑾卿所題的「至誠前知」匾，乃至正殿上方光緒皇帝親賜的「臺洋顯佑」御匾，皆透露著關於這個縣城歷經重大天災人禍，均因有城隍爺的庇佑，得以化險為夷的神蹟。

其中在正殿神龕上諸尊城隍分身之中，祀奉著一尊穿著特別與眾不同的木雕神像，現登錄為嘉義市古物。細看其全身行頭，所見頭戴翻簷帽、項掛朝珠、身穿文禽補服，手持如意，端坐於圈椅上，為典型清代文官多吉服的穿搭形象，然其面容又不似傳統漢人家族所祀奉的清代祖先塑像那般的寫實擬真，究竟是何方神聖呢？

城隍廟的倡建，與清代諸羅縣地方官有關

神像主人翁實為清代治台前期的諸羅縣知縣周鍾瑄（西元 1714-1719 年任職），清代知縣秩正七品，作為地方縣級治理的基礎官僚，故民間亦會稱為父母官。然綜觀清代諸羅縣乃至乾隆 52 年（西元 1787 年）改名為嘉義縣的歷任知縣，何以僅有周鍾瑄塑以神像於城隍廟祀奉呢？其背後涉及康熙 40 年（西元 1701 年）諸羅縣治從佳里興（今台南市佳里區）移至諸

羅山，諸多地方行政設施及防務面臨調整及轉移，造就奠定地方重要建設與重整的契機。

　　關於周氏功績，或許可從廟內的一座石碑窺其端倪，所見乾隆 30 年（西元 1765 年）諸羅知縣張所受題〈重建城隍廟碑記〉提及，諸羅縣城隍廟之肇建，是源於周氏接掌縣事後，認為本地自康熙 23 年（西元 1684 年）設縣邑至今，並於康熙 43 年（西元 1704 年）已建有城柵，卻未有一間正式的城隍廟。然城隍作為幽冥界管理一方地下事物的代表神明，故「有城隍斯有以贊幽顯而資治功」，因此自掏腰包五百六十餘兩，於縣城南邊捐俸籌建。

城隍廟正殿上「臺洋顯佑」匾額是由光緒皇帝御賜。

正殿神龕眾多城隍分身中有尊與眾不同的木雕神像，其真實身分為
清代諸羅知縣周鍾瑄。

然不僅只於城隍廟的倡建，〈重修諸羅縣學碑記〉（原碑佚失）周鍾瑄亦主導諸羅縣學文廟遭逢颶風毀損後的大成殿、啟聖祠修繕工作，並增建東西廡、明倫堂、文昌祠、學舍等設施，完善諸羅縣文廟的規模。周亦宣稱其獨自扛起一千五百餘兩的經費且「不擾民間一絲」，博得了「百廢俱興、引人於善」的佳話。是故，其塑造奉獻地方的父母官形象，成為後繼知縣們的表率，故塑其神像祀奉於城隍廟，伴隨城隍爺一同受萬世香火。

人間的知縣與冥間的城隍共同合作

在古代，城隍爺與府、州、縣級首長一般，各自掌管不同時空的地方事務，如同周氏所說：「邑有令以治明也，賞善罰惡、均其賦役、平其爭訟，教之孝弟忠信，使邑無饑寒怨咨而相率於善者，令之職也；有城隍以治幽也，福善禍淫、順其四時、阜其百物，驅其魑魅蠱毒，

使邑無災眚夭枉而不卹於淫者，城隍之責也。」
新任知縣到任時也需要齋宿於城隍廟，或逢災
禍時由皇帝晉加城隍封號等舉措，皆呈現人間
的知縣與冥界的城隍因著地方治理，藉由官方
制度如此緊密的維繫在一起。

此外，地方治理與文教同時做為清代城市行
政運作與精神價值的重要核心，現於鎮南聖神
宮後殿之文廟則作為祭祀孔子的重要場域。在
清朝唯有官員與接受儒學教育的地方士子方有
資格參與孔子的祭祀活動，與此相依的府縣學
更是培育地方人才的搖籃，做為文風的指標。

　　迄今綏靖侯嘉義城隍廟依然是地方信衆、居民請示大小事的好去處，每年農曆七月的中元祭與八月的城隍聖誕亦有各式別具特色的祭儀活動，如城隍夜巡。這樣的城隍信仰活動更曾出現於畫家陳澄波先生的故鄉風俗題材作品中，成爲嘉義城市信仰的文化基因。

參考資料

① 清 周鍾瑄，《諸羅縣志》，南投：國史館臺灣文獻館，1999 年。

② 臺灣銀行經濟研究室，《臺灣教育碑記》，南投：國史館臺灣文獻館，1994 年。

③ 李建緯、林仁政、李宇妍，《嘉義市城隍廟〈諸羅知縣周鍾瑄像〉、〈乾隆三十年款重建城隍廟碑〉申請指定重要古物調查研究計畫》，委託單位：嘉義市城隍廟、執行單位：中國科技大學，2024 年 3 月。

圖解嘉義城隍廟事

撰文●編輯室．攝影●安比

嘉義城隍廟是諸羅城三大古廟之一，現亦已申請認定為國定古蹟，其「垂直」廟宇的特色，從前殿到後殿、一樓到六樓，保留文物、祀奉神明無數。

城隍廟前殿 ▸ 自日治時期保存至今

嘉義城隍廟最初自清康熙 54 年（西元 1715 年）始建，期間歷經
多次修繕，是當時諸羅城最壯觀的廟宇之一。然而歷時兩百年原
廟體已不堪使用，便於日治昭和 11 年（西元 1936 年）發起徹底
翻新重建、昭和 15 年竣工，才成現在我們所見的前殿樣貌，並至
今仍是嘉義市相當重要的信仰中心。嘉義城隍廟前殿包含了三川
殿、拜亭與正殿，分別主祀諸羅縣城隍尊神綏靖侯、陪祀范謝將
軍與藥師琉璃光佛、文武判官等。

城隍廟後殿 ▸ 民國 69 年改建的六層樓

城隍廟現六層樓的後殿，為民國 69 年增購後殿土地後才因神尊數
量太多而重建成大樓。現後殿一樓又稱媽祖殿，裡頭供奉的媽祖
原祀於清代諸羅城三大古廟之一的天妃宮（大天后宮），然而因
為日治明治 39 年（西元 1906 年）發生大地震震垮原廟，才移尊
到此地供奉。此外後殿一到六樓亦有財神殿、觀音佛祖殿、文昌
殿、姻緣殿、五恩主殿、凌霄寶殿……包羅了「主治」各種疑難
雜症的神明。

國定古蹟裡的五個亮點

走逛於嘉義城隍廟內，抬頭即可見無數聚合視覺美感與不同時代背景的工藝細節。從清代、日治時期至當代，宛如一座能撫慰人心，並兼容三百年歷史故事的城市博物館。

大算盤 ▸ 據說夜裡會傳來撥動聲

走至主殿後轉身抬頭向上一看，可見到一個與匾額同大的巨型算盤，這與數學、經商可無關，而是城隍爺的「神器」，用來計算人間是非功過。據傳聞，住在附近的居民還曾在深夜裡聽到算盤自己撥動起來的聲音，「就知道，城隍爺開始工作啦！」

日文和歌對聯 ▸ 廟宇重建歷經日治的痕跡

始於清代的三百年古廟，為什麼會出現以日文書寫的交趾陶和歌對聯呢？城隍廟是嘉義少數於日治時期「倖存」且重建的廟宇之一，當時為了保存廟宇、免遭銷毀，信徒們也得和日本政府打好關係，因而就在正殿左右留下了這對台灣寺廟中唯一的日本和歌對聯。

虎爺與新高山 ▶ 陰陽公神桌下多達九尊的虎爺

大部分的廟宇都供奉「虎爺」，但有多達九尊虎爺的廟可不多。相傳「虎爺」是山神、土地公與城隍爺的座騎，能鎮守地方、保護兒童，而嘉義城隍廟陰陽公神桌下的九尊虎爺，尊尊樣貌不同、研判應皆有百年以上歷史。而虎爺後方牆面，映著一方「新高山」磁磚彩繪，是日本統治者來台後發現玉山比富士山更高，而為玉山另起的新名。

富士山 ▶ 與「新高山」相呼應的日本富士山

與新高山彩繪相呼應，在城隍廟主殿另一側龍邊神桌下則有日本富士山磁磚彩繪。與和歌對聯意義相近似，都是當時因面臨日本統治需討好統治者、免於廟宇被摧毀的設計符號之一，也可見高山的意象對於國家、民族精神象徵的重要性。

八卦藻井 ▶ 內藏有洋人與蝙蝠

由廟門走入拜殿，一抬頭就能被工藝精湛的藻井吸引目光。此八卦藻井為著名木匠王錦木的作品，在四個角落設計上各有一隻蝙蝠以象徵「賜福」，仔細看還可發現108個人偶中含藏了穿西裝、戴高帽甚至抽雪茄的外國紳士。沉穩的原木色並不能掩蓋細緻刻工，且不用一根釘子的全榫卯接合結構，更超越外表可見的超凡工藝。

走入生活與生意的
城隍廟

GOD　　支撐中元祭典的九大陞社

2

撰文●陳英豪．攝影●安比、劉怡青

民族里一鑑事

緊貼著東市場南緣的城隍廟，
自然與民族里的里民日常及攤
商生意息息相關，兩者淵源最
早從清代流傳下的一張法會疏
文便可窺知一二，而今也能透
過中元祭典的九大陸社組成，
觀察到神明會與東市場攤商間
緊密的關係。

　　當多數市民正要入睡，緊鄰嘉義城隍廟的東
市場，在凌晨時刻就熱鬧了起來，裡面的攤商
正在準備一天生意的開始。東市場攤商與城隍
廟關係緊密，一張嘉義城隍廟典藏的光緒二年
法會疏文中，那些記載眾多商號的名字，很有
可能就是這些攤商的前身。

▋神要人扶，民間於清治到日治不同模式的參與

　　嘉義城隍廟於康熙 55 年（西元 1716 年）由知縣周鍾瑄倡建，知縣掌管陽世事，城隍則掌管冥界，兩者都是綏靖地方的主官。城隍也是知縣與神、鬼界溝通的中介者，舉凡求雨、判案、祭無祀鬼神，都是知縣需要與城隍共同合作的業務，尤其以祭無祀鬼神最能凸顯兩者的依賴關係。每年祭屬的春、秋二祭，必迎城隍神位至祭屬壇主其事。

　　神要人扶，在清代作為官祀的城隍廟，聘有和尚住持主持廟務，廟宇建築的興修及維護，則要仰賴地方官員出面倡捐，地方紳商再響應寄附。現存幾件珍貴史料，也顯現當時民間社會的能動性，如道光 18 年（西元 1838 年）阿里山通事獻番租⑱為城隍廟香燈之資；或道光 22 年、27 年（西元 1842、1847 年）城隍廟旁陰靈堂購置瓦店出租；以及同治 7 年（西元 1868 年）紳商於城隍廟內設育嬰堂等皆為證例。

　　在日本政權統治下，原先官祀的城隍廟逐
漸褪去神道設教的色彩，地方居民開始走進城
隍廟，除了用香火來尋求城隍爺的庇佑，也更
積極參與廟務的運作。首先是明治 41 年（西
元 1908 年），地方紳商為振興地方經濟，而
為城隍爺舉辦聖誕慶典暨遶境，由市內五區的
保正輪值辦理，更在大正 7 年（西元 1918 年）
將原先的住持和尚罷退，另外推舉民間人士來
管理廟務，自此城隍廟變成嘉義市民共有的信
仰殿堂。

九大陞會之一的吉祥社掛起爐下先延香位神明彩，上頭寫滿社內前
輩們的名諱。

九大陸社又稱九大柱，
由神明會與東市場攤商代表組成

嘉義城隍廟為國定古蹟，在三川殿外，可見多處由獸肉商與吉祥社寄附的石雕塔；在廟內公佈欄上有一欄「九大陸會芳名」，也可見到吉祥社的爐主名字。九大陸會也稱九大柱，是嘉義市定民俗「嘉義城隍廟中元祭典」的核心骨幹。每年農曆七月普度，這九大柱負責設醮布置與祭品的準備，像是正主會首為醮壇總監督，正主壇首則辦理醮壇搭建與拆卸，這兩柱固定由總爐會與頭家會負責。而督導道士祭儀的正主醮首，以及辦理普施賑濟的正主普首，與前兩柱合稱頂四柱，另有協助頂四柱醮典進行的正副會首、正協會首、正都會首、正總會首與正三官首，則每年由其他七個陸會抽籤決定各斗燈首。

前文提到的吉祥社，就是九大陸會之一，屬於城隍廟下大二爺神明會，城隍廟家將團

則組成吉勝堂。另外五個陞會則由東市場攤商代表組成，獸肉商就是屠宰業代表振聲社的前身，東聯陞代表魚產鋪，福興陞是餐飲業的資方代表，後興陞則是餐飲的勞方代表，而泰安陞代表蔬果商。

■陞會的歷史從清治就開始，
至今每年鬼門開仍積極參與祭事

東市場的幾個陞會，在大正年間城隍廟慶典的報導中，就可略見到他們的活動紀錄，而在昭和 6 年嘉義普度的報導中，更明確刊出福興陞與其他郊商（陞會），一起在市場普施孤魂，並演梨園。當時報導稱依例築道場，延僧起鼓，作三天祭事，也就是在七月初一鬼門開前，由道士進行三天醮儀。

由於東市場緊鄰城隍廟，爲嘉義重要的民生市場，長期受城隍爺福澤庇蔭的攤商，也藉由贊普的機會來答謝神恩。在三天醮儀過

鬼門開前城隍廟會有道
士到場進行三天祭事。

程中九大陞會奉獻諸多，因此各陞會的斗燈
也會請至廟內道壇中進行儀式，大眾也只有
這時候，才能親眼見到這組被指定為一般古
物的「嘉義城隍廟九大柱斗燈座」。

　　而在七月初一鬼門開這天，東市場的攤商
們會在各自區域，擺起長蛇般的供桌，準備
各自特色的祭品，一同普施眾好兄弟，道長
們也會至市場各處巡孤。每個陞會在香案前，
掛起各自陞會別具特色的神明彩，例如代表魚
產鋪的東聯陞，神明彩兩側聯句，就是用海鮮

嘉義城隍廟九大柱斗燈座已登錄為嘉義市有形文化資產，是由木作
匠師黃水臨製作。這九個燈座分別代表協助廟方普度進行的九大陸
社，每年僅有普度與重要法會期間才會擺出。

信仰與市場構成的人際網絡，維持著民族里的生活感。

圖案所拼字而成；而吉祥社則會掛起爐下先延
香位，裡面寫滿社內前輩的名諱。祭拜完後這
些供品，就由這些攤商在當晚舉辦吃會聚餐，
也連繫著社內會員的感情。

東市場生活感的來源：信仰

　　從日本時代為振興地方經濟，而舉辦的城
隍聖誕祭典；到民國 40 年代政府改善民俗政
策的推行；再到台灣經濟最好——據說嘉義
普度可吃掉一條中山高速公路的時代，東市
場攤商與城隍爺看著可能唯一不變的，是市
場裡不斷在流動、多元的人際網絡，是攤商
的生活方式與在地商業邏輯，都憑藉著信仰
文化在維持著屬於東市場人群的生活感。

註　原住民平埔族群透過將自身佔有或繼承的墾殖土地，出租予漢人耕種以收取
　　租粟，俗稱為「番租」。

普度與吃桌

　店即是家的攤商鄰里關係

3

撰文●洪綉雅．攝影●安比、陳源永、劉怡青

民族里一鑑事

早期民族里城隍廟每逢農曆
七月便會熱鬧如同過年,輪
普吃辦桌的習俗使得中元時
節里內幾乎天天都有辦桌
吃。隨工商社會人們愈發忙
碌,辦桌少了,卻仍會在普
度當天全里動員,

　　中元前夕,守護著民族里境內大小事的城
隍爺面前,年輕樂手富節奏感的吉他 solo 聲
一下,主唱以低穩的歌聲唱著,「我們都一
樣,我們都一樣」。三百年來,有人的地方就
有廟,有人潮的地方,就有生意。攤商之間,
一樣的生意競逐之中,也有不變的人、鬼、
神互動,七月普度與吃桌,便是其中一件。

早早收攤，比生意還重要的年度大事

東市場室內區的攤商和里內的城隍廟，在中元期間仰賴著歷史悠久的「陞會」來為繁瑣的普度工作做準備。

市場裡臨時設置的神壇，請出廟裡神明親自「坐鎮」，眼前一字排開的供品，三牲之外，也有魚丸店的自製商品，以及幾樣簡單的便菜。空間不大的走道，留下單人可走動的動線，此時生意與普度拜拜，同時並行缺一不可。

普度期間周邊店家紛紛擺起香案。

市場走道上出現臨時設置的神壇，生意邊做、普度照樣進行。

大道上架起棚架，不同陸會與攤商聚起眾人之力，擺出澎湃的供品。

　　市場外圍，採買人潮過午仍不見散去，尤其是在七月期間的這陣子，民家忙著採買普度的物品，生意更是好。只有七月十五這一天，難得出現近午就休的景象，不再補貨，早早賣完就收，大家有默契的儘早收攤，在街上擺桌普度，祈求來年生意一路平順。

可比過年的中元，以家為單位的市場生活

「福興陞」成員之一的「新明津魚丸店」，家族第三代潘麒宇說起小時的中元印象，是一段不輸給過年期間的熱鬧景象。家族內部分工明確，大人小孩各司其職，大人先是準備好住家的普度，就交給小孩看顧、輪番點香。大人則是趕場回到生意攤，繼續開店應付採買需求的客人。

潘家的魚丸在中元期間特別熱賣，既可以作為便菜來祭拜，早年普度後「吃桌」的湯菜也十分常見。中元七月十五的這一天，潘麒宇經營的「新明津魚丸－多香樓」則是直接休店，人力都調配到魚丸本店支援應接不暇的生意。

做生意的家族，特殊節慶期間，人人皆是可用之兵，家人們一起度過每一個忙碌的節慶時刻。正如小時候還上不了第一線的潘麒宇留守家中，用小孩的方式來支援著家族的需求。

不同攤商提供的供品也各有特色,比如蔬果店會將冬瓜刻為船隻、
香蕉串成果樹,形成吸睛的造景。

▌較早（以前）中元好像在過年，現在都不一樣了！

共和路的肉商「日日利商號」，阿傑老闆也是自小就參與家族生意。即便無法拿刀剁豬肉，也十分清楚大人們在這段期間的忙碌。說起記憶中的中元慶典，「小時候在舅舅家，真的是整個農曆七月都輪流在不同親戚家『吃桌』。」

然而，近年來人際往來不再限於特殊節慶的傳統活動，普度吃桌不再如以往普遍。阿傑老闆說他母親總會說，「較早（以前）中元好像在過年」，現在則是只有忙碌，沒有太多額外的人情互動了。

以前和現在的差別究竟是什麼？肉販生意的三層肉需求變化最為明顯。

阿傑老闆說：「現在的人不太拜拜了，有拜也簡單化了。」講求效率的當代，不再要求以三層肉為牲禮，經常以易於保存的臘肉或真空產品為替代，「現在拜菜飯的也有，豬腳也有拿來拜」，阿傑老闆觀察到時代的變化。當傳

統節慶文化遇到當代工商社會，勢必有一番簡
化與折衝的過程。

是否為了這個趨勢去為生意做出調整？阿傑
老闆這麼看待家族的生意，「不想做太累，把
量控制的剛好，也不用低價求售，不是做不到，
是不想做。」年輕世代不再投入過長的工時，學
著把時間留給生活也留給自己。就像傳統遇到
現代，總有折衷後的新選項，即便需要一段適
應的過程，傳統並不會一成不變的待在原地。

以街為鄰里的互助合作，
市場裡的兩種普度互助系統

東市場的範圍從核心的室內區，不斷向外
圍街道延伸，逐漸長成今日規模的大市場。室
內區發展出「九大陞會」模式，讓傳統的普度
文化能夠在日常的生意當中，互相依存。不在
「陞會」組織內的街道攤商，則是各自發展出
以街道為單位的互助機制。

　　看著共和路從早期的「兵仔市」，到今日逐
漸融合爲東市場的一體，筍商「南哥」吳啟南，
邊用機器處理當日預計出貨的筍絲，一邊和路
過的水果攤老闆打招呼。他說，「那是來收拜
拜的錢」，邊說邊拿出千元大鈔給對方。

　　水果攤老闆收走鈔票後，快步離去，手上
拿著一張紅紙，上面寫著參與普度的攤商名
冊。共和路及光彩街一角的「嘉義市共和攤販
協會」，並不在「陞會」的組織範圍內，然而，
中元普度的心意仍舊要進行。忙於生意的大家

便商討出一個簡單的辦法，由特定攤商協助
採買與準備工作，統一繳錢後只要在收攤後集
合，就能方便的完成年度普度大事。

　　藉由互助代辦的方式，生意之餘也能在中
元期間替好兄弟備上一桌好料。採買人潮散去
的共和路上，擺桌普度，各家攤商三三兩兩的
現身聚集，各自持香朝同一方向祭拜。

　　正如文章開頭的歌曲唱著，「我們都一樣」，
形式即便有所改變，少了過往熱鬧的夜間「吃
桌」活動，一年一度的款待心意，仍舊一樣。

9

TRACE

抬頭即可見的「社會性時間」

撰文●張銘洋・攝影●安比

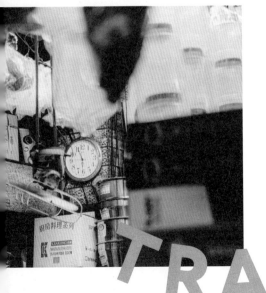

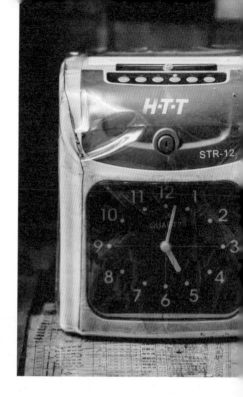

　　錢潮跟著人潮走，人潮跟著時間
走。市場內外的攤販、商家，常在柱
子、橫桿、牆壁上掛著月曆、日曆、
時鐘提醒自身所處的社會時間。仔細
觀察，月曆上標記著哪一天有哪位神
明生日、幾月幾號有什麼節慶、誰在
哪天訂了多少貨品；日曆上則兼雜著
農曆的每日宜忌、良辰吉時，不論是
宜破土、宜祭祀，還是忌入宅、忌開
市，都關乎一天的營業額多寡和人潮
來去的時間。

⑩

此曾仍在的人們

FPEOPLE

攝影●安比

民族里時時刻刻都有人。
有為做生意而來的人，
亦有因信仰而繫的人，
或已代代居住、回返，又或僅短暫途經，
此曾仍在的時間尺度，短以分鐘、長至一生。

住著的人

PEOPLE

劉宗源
看顧地方與雞肉飯店的二代劉里長

「里長,您在民族里生活這麼久,您覺得
這裡有什麼變化嗎?」

「我覺得,都差不多欸。」

由文昌里、蘭井里、鎮南里以及部分祐民
里,於民國 99 年整合而成的民族里,歷年
以來有著不少變化;東市場與城隍廟的整修、

行政區域的異動，均被現任民族里里長劉宗源看在眼裡。劉宗源觀察到里民來來去去、市場店家的變化、兵仔市消失等現象，隨著時間的推移，民族里顯然與過往不再一樣；但被問及此地有何變化時，他卻表示：「差不多。」劉宗源的觀察與結論，看似帶著矛盾，但對於這位從小到大均在民族里「住著的人」來說，大概正因為活在這仍變化中的街區，才能看出其中的延續。

當天採訪在共和攤販協會進行，裡頭貼滿的照片，也見證著民族里市場與街區的變化。

　　劉宗源里長在民族里已生活了 50 個年頭，這片土地就是他的家——而他與民族里的故事，又可稍微往前推一些，自其祖、父輩談起。

▍自小便是「做生意家庭的孩子」

　　劉宗源的父親劉耀聰為民族里上一任的老里長，他先在民國 81 年當選為文昌里里長，當民國 99 年四里合併後，又勝出選舉成為首任民族里里長，而兒子劉宗源則是第二代里長。這位在民族里服務了近 20 年的老里長本非嘉義人，他在 17 歲時自西螺祖家移居至文昌街投靠族內長輩，並在此落地生根。而劉宗源則是土生土長的嘉義人，從阿公算起，他已是劉家的第三代，這三代人總是與廚房、灶頭、鍋碗瓢盆形影不離。劉宗源回憶道，阿公本是擺攤賣麵，父親也是自年少已靠廚藝打拼，就算遠離家園，還是做

著掌勺的事；服兵役時是伙頭軍，後以跑船為生，在船上仍於廚房工作。

跑船的工作並沒維持太久，尤其婚後有妻與子女，每每外出工作便是半載，顯然不是什麼好事。若想安定下來，在家附近開店似乎是個更好的選擇。雖非現址，但初時父親的店也是開在公明路一帶，賣清粥小菜、炒米粉，靠做左右鄰里、市場攤販的生意為生，雖已有火雞肉飯，最初卻不是主打。

而劉宗源自出生以來，便是「做生意家庭的孩子」，也以此塑造了他與民族里的關係。他回憶道，因為家中生意，父母並沒太多閒暇時間理會他與姊弟，所以童年便是「在市場長大」。不用在家中幫忙之時，劉宗源就多在民族里與同輩玩耍，夏日宮廟中冰涼的地板，便承載與同輩相處的回憶。中午學校有較長的休息時間，他便快馬加鞭回家看布袋戲，這大概是只有住得與就讀的民族國小如此靠近的孩子們，才能享受的生活。

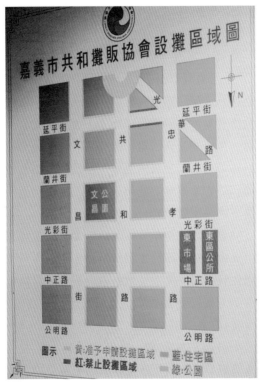

劉宗源自出生便是「做生意家庭的孩子」，其父親在擺攤之餘，更從最初的「文昌里」里長，一路當到四里合併後的民族里里長，後才由他接棒繼續服務地方。

■ 在民族里「誕生」前，就已離不開此地

　　然而，當談到假日時，劉宗源又道出了
「做生意家庭的孩子」的另一面。每每在朋友
們休息之時，這家火雞肉飯店的小孩都需要
到店裡幫忙，若是起床晚了，還會被父母責
備。在店裡工作、幫忙的時間，也使劉宗源
與姊弟逐漸熟悉店的運作、料理的方法，他
那一手炸油蔥酥的好功夫，便是自小通過觀
察、實踐練就而成。

　　除服兵役的兩年多外，劉宗源只有遠赴海
山高中半工半讀時短暫離開民族里。當時寄
居在叔叔家，又不習慣新環境的他，很快就
在三天後回到民族里，這個被他形容為「很
溫暖」的家。

　　小時候的劉宗源，在家中生意、學校位
置的影響下，以民族里為活動範圍度過了童
年，也和這片土地的人、事、物建立關係、
一同成長。在「民族里」這個行政單位出現之

前，這些從小到大都相當靠近的人們，早已融和在一起，成爲關係深厚的共同體。合併前各里的界線，大概只存在於地圖、行政區域之上。

兩代「劉里長」熱忱照料里民

劉宗源與民族里的關係，還有著來自老里長劉耀聰的影響。老里長的生意及樂於助人的個性，成爲他在民國 81 年接替前任里長並勝出選舉的基礎。家人很少參與里務，更多是作爲老里長的後盾；當劉耀聰被里民喚去處理各種里務時，便會馬上放下家中生意，留由家人把關。這樣的熱忱、慷慨，令他得到里民的認可，在里民的建議下，爲店原來無名的招牌，加上「劉里長」三字，一家與民族里的緣分再加深一層。

接著到了民國 102 年，劉宗源與民族里的關係又更爲深化，在里長補選中勝出的他，

里長服務處旁就是共和攤販協會，協會內的人也對劉宗源服務里民
所發生的故事如數家珍。

接替父親當了近 20 年的工作，成為了新的
里長。

老里長為兒子、家人與里民留下的，還有
在里中的好名聲。劉宗源笑著回憶道，在補
選面對四個對手時，里民甚至比他和家人更
著急，足見劉耀聰在里民心中的地位，也顯
露了里民之間的聯繫。不過，能讓劉宗源繼

續連任至今的，大概不僅有父親打下的基礎，
更重要的還是他個人的努力。沒有太多里務
經驗的他，初時難免感到無所適從，但幸好
在不同人的幫助下，成功處理不少難題。

由父親身上傳承下的無形資產

這位曾在農會銀行工作，又有著店裡幫
忙多年經驗的里長表示，他的工作就像服務
業，是里中的「7-Eleven」，需要處理里民的
生老病死。人事糾紛、抓寵物、看顧街友等，
里長均會處理，尤其近年里內獨居老人漸
增，劉宗源更曾親自為里民處理後事。談到
里務時，里長卻沒有展現太多疲憊、辛勞，
反是表示這樣的工作，可以感受到人生的
百態，能夠服務里民，亦是一種榮幸，與父
親作為老里長的理念別無二致。劉宗源眼中
的父親活過一個精采的人生，他所希望延續
的，亦正是父親的道路。

　　從小到大在民族里成長的生活、父親留下與里民間深厚情感的無形資產，將劉宗源扣連到這片土地上。對他來說，民族里的變化是一種對過往的延續；包括他承繼自父親的理念、與里民的關係。而外來者眼中的異動，對他與里民來說，卻是一種長久經驗著的日常，都「差不多」。

劉宗源
從小就生活在民族里，僅有當兵兩年期間離開。父親劉耀聰為上一任民族里里長，因熱忱服務里民，而使家中火雞肉飯店名被冠上「劉里長」三字；劉宗源子承父業，不光打理店務，更接續下服務里民的里長工作。

來開店的人 2

PEOPLE

潘麒宇
傳承一家店，看遍市場裡的浮世微光

家裡來到嘉義東市場做生意，是從外公的時候開始的；父母親都是台南白河人，原本父親年輕的時候要到藥廠工作，但外公建議還是自己做生意比較有得打拼，因此透過朋友找到了東市場的攤位。

撰文●潘麒宇．攝影●安比

　　當時東市場的「明津」在嘉義市相當有名，過去是做傳統台式辦桌菜、魚丸、熟食而聞名，「明津」蘇家最早起家就是在東市場現在這個攤位上。聽我父親說，過去「明津」在這裡賣自助餐飯菜，有炸排骨、肉卷等等，後來蘇家三個兄弟的老大、老三分別在中正路、光彩街各開了一家明津，市場內的老攤位則由老二蘇培養繼承；不過到後來培養伯公的孩子們在外地發展的都不錯，沒有回來承接家業，所以透過朋友介紹與我外公達成協議，在民國 74 年時候學習蘇培養先生炸物料理配方，並且聘請一位阿茂師教導打魚漿的方法，承接這個攤位。

也是從那時候開始，我們家族進入東市場，
在原本的「明津」前再加上一個「新」字，以「新
明津」作為招牌，正式成為東市場裡的一攤。

▌掛起「新明津」招牌，
全家開始與市場緊密的生活

　　我父母親自「新明津」成立後就一起到東市
場工作，父親向蘇培養伯公學習打魚漿，母
親則主要在攤位前買賣。剛進入東市場的時
候，因為當時的時代氛圍與現今不同，新來的
攤商其實會遇到許多問題；在民國 70 年代的

東市場裡面會有一些惡霸時常找麻煩，出言
恐嚇或是故意找麻煩。外公曾說過去我們的
店曾三番兩次被惡霸無事生非，直到有一次忍
無可忍，外公在豬肉攤將領頭的惡霸抓起來掀
翻在賣豬肉的桌子上後，就再也都沒來過了。
很久以後，在我國小的年紀，和弟弟在市場裡
的大樓空地玩耍的時候，走來一位自言自語的
流浪漢，坐在花圃前對著空氣說著：「拿刀子
把你剖成一半……」的狠話，外公才說那位就
是以前時常在東市場和共和市場滋事的惡霸。

　　傳統市場很特別，似一個豐富多元的有機
體，像板根交錯的雨林也像繽紛斑斕的珊瑚
礁；她能承載許多東西，像是夢想、願望和一
切伴隨舫籌交錯的煙火氣，也能包容失落、困
頓和生存的掙扎；我們都依附在她之上，體驗
浮世微光，看見人們在這裡交織出的千姿百
態。錯身而過的是一位提著大魚大肉的富人家
媳婦，穿著體面還環繞著香水味，趕著正要回
家做菜；桌邊坐著兩位夾了滷豆腐、滷大腸，

喝著米酒頭就可以待一個中午的長者；主街旁
跪著乞討的老嫗，塑膠臉盆前放著一張破舊的
家庭照，四季都包著黑色頭巾，從來沒有人看
過她的真面目。市場像是一本故事書，由來來
去去的許多人共同撰寫，在不同的時代下構成
這個龐大的敘事。

「還是自己回來當老闆比較好。」

　　大約國小二、三年級我就要幫忙攤前攤後
的工作，不過因為年紀較小，多是做些幫忙的
雜活。在攤後幫忙製作魚丸常會做將魚塊丟到
絞肉機裡面的工作，因為不太需要搬重物，
只要小心且有節奏的將魚塊丟入不斷旋轉的
機器內即可；印象很深是因為魚塊都是冷凍
的，所以在冬天的時候總是會凍到兩手僵硬。
　　在我母親的印象中，她常說一直記得我戴
著毛帽和手套站在絞肉機旁的場景。在攤前
都是要幫忙做販售，將客人要的東西打包、

秤重、收錢，小時候很討厭夏天的時候顧店，很吵也很熱；尤其年節的時候客人在祭拜和做飯時間驅趕下，都變得很輕浮躁動（當然我們更是）。以前也經常會被客人氣哭，因為有些老人家總是不相信小孩會用電子秤，每每我要幫他們秤重就要我叫大人來；後來想想，可能是他們發現我只會把電子秤上的數字全部都加起來吧，如果是大人的話，會阿莎力的把尾數去除。

關於為什麼還會留下來，選擇繼續在市場開店；記憶裡是在國小五、六年級的時候，我第一次對未來職業有比較明確的想像。在一次

看過日本的廚藝節目後，我對於能把各種日常
所見的蔬果，如魔法般變得像藝術品一樣深深
著迷，因此和家人說未來想當廚師。結果在
當時被打趣說道：「如果要當廚師，現在就可
以到菜市場幫忙，不用去讀書啦。」早期父母
還是希望我們可以藉由學經歷，離開辛苦且看
似社會階層不高的傳統市場。但2、30年後，
當他們終於因為年紀逐漸不得不思考「新明津」
的存續時，這種狀態有了非常明顯的調轉；過
年過節這個話題總是在餐桌上出現，不過與小
時候不讓我當廚師不同的是，這次變成：「還
是自己回來當老闆比較好。」

接班也是為熟客留下一間百年老店

　　最終我在民國 112 年還是決定回來承接新明津，一方面是留在嘉義距離部落老家比較近，如果有事情我容易趕回去；另一方面還是覺得從明津到新明津，東市場這個攤位已經存在了 70 年，若是現在斷在我們手上，之前祖、父輩留下來的基業就此結束，心中又會不捨。雖然市場的環境並不如大城市的餐廳般光鮮亮麗，但這裡有我童年的許多回憶。

　　民國 113 年經濟部的輔導計畫下，我在原本的新明津後面開設了一個可以內用的區域「新明津多香樓」，自己當了老闆經營半年後，開始有了更深層的體悟。每當熟客再來，我們彼此的問候、閒聊是我最喜歡的部分，是他們支持著新明津一步步走過來；每當有時候因為事情無法開店，熟客總是會關心的詢問上個星期怎麼了、很可惜上個星期沒有買到。父母親希望新明津還能經營下去的其中一個很大的

原因，就是這些老客戶吧，他們不僅是顧客，
更像是我們生活的一部分，見證著我們的成長
與變遷。

　　希望接下來我接手後，能夠讓新明津繼續
走下去。能有一個商號在我的手上經營到百
年，感覺是一個極具成就感的目標，不僅是爲
了延續家族的事業，更是爲了回報多年的顧客
和這片土地對我們的恩情。

潘祺宇
國立雲林科技大學設計學研究所
博士生、嘉義市東公有零售市場
自治會副總幹事。從小在東市場
跟著父母做魚丸、幫忙顧攤，近
年返回市場開了一間可內用的
「新明津多香樓」，希望以自身
經歷寫在地故事。

回來的人

3

PEOPLE

陳怡秀
帶著新鮮眼光,返鄉打造地方品牌

　　老家在嘉義縣六腳鄉、一個盛產蒜頭的地方,我的童年就是拿著小鏟子跟著阿媽在泥土堆裡打滾,學生時代才跟著家人從嘉義縣市交界的中埔後庄、搬到橋另一邊的市區生活。對我來說,烙印在身體裡的家鄉記憶,

撰文●陳怡秀　攝影●安比

即便長大後走得再遠、經歷再多也難以忘懷。民國 108 年進入台北城市散步（後改名為島內散步）擔任產品企劃一職，三年後在島內散步的支持下，返鄉回到嘉義發展雲嘉南區域品牌「環時好室」。

東市場是媽媽採買溫體牛的不二選擇

小時候我總愛跟著我媽，坐在她機車後座上、穿梭在市場巷弄間。如果說東市場是嘉義人的廚房，那我會說整個嘉義都是我家媽媽的廚房。我們家是很重「吃」的一家人，以我爸作為中心軸線發展、每個人都有對食物很明確的愛恨情仇，也因為這樣，餐桌上大部分的料理都是出自我媽之手，食材來源地五花八門、哪裡新鮮哪裡去。東石布袋的海鮮漁獲、後庄菜市場的蔬果、南田市場的羊頭……等等，經常看著我媽戴上老花眼鏡、細數著手上的名片然後撥電話預訂，而說到採買食材，當然不能錯

過嘉義最大的菜市場——東市場，而說到東市場那就不得不提到牛肉麵了。

　　我愛吃的牛肉麵是偏甜口的紅燒湯頭，湯底是蔬菜跟肉攤送的滷包熬製，搭配粗壯如兩指寬的腱子肉或嘴邊肉塊，再配上細圓柱狀的麵條。我們家總是一滷就是一個高壓鍋的份量，再凍起來，隨時想吃熱一下就有。而我媽的堅持就是在東市場採買的「本土產溫體牛」，每逢中秋、過年時節還能買到攤家自己做的牛肉乾，真正是最邪惡的零嘴了！軟嫩中帶有嚼勁、越嚼越香，是逢年過節我最愛嗑的零嘴、也是我爸下酒的最佳好夥伴。

　　對於當時小小的我來說，東市場那叫繁華，什麼都有什麼都看起來很饞人，讓人眼花撩亂；我還喜歡市場裡熱鬧喧嘩、人聲鼎沸的樣子，每個在這裡的人都有明確目的，知道自己從哪裡來、要往哪裡去。那是一種現在、此刻、這一秒，我們正生活著的樣子。即使是現在，每到一個城市，我還是很享受去逛當地市

場，市場就是生活，而生活就是最好認識一
座城市的處所。

「如果你覺得一座城市無聊的話，
那一定是你不夠認識它。」

　　高中歷史老師曾經問過班上所有同學：「你
們有誰以後想留在嘉義工作、生活嗎？」當時
只有我一人舉起了手。從小我就一直覺得嘉
義雖小但五臟俱全，縱然尚未有在別的城市
生活的經驗，卻一直對生養自己的這座城市

充滿自信。離開嘉義其實是一個不得已的選
擇，我還記得剛畢業那時、求職 APP 上嘉義
地區一整排刷開來全是作業員與服務生的職
缺，就連就業中心的大姐都勸我往北部找工
作。不過也因為有了在台北工作的這段際遇，
讓我有了返鄉的機會。

　　頭兩年在台北的時候總是怪罪陰冷潮濕
的天氣、怪罪高樓大廈遮蔽了天空、怪罪這
如監獄般囚禁我的牢籠（套房），那時候的
我帶著對台北的刻板印象待在那座城市裡，
除了工作外，從來沒有真正走出去認識這座

城市，甚至每個月都要逃回嘉義取暖一次。

第一次產生了對台北的認同，是轉換到台北城市散步擔任產品企劃。當時因為工作，開啟了頻繁在台北三大老城區走跳的日子，我才發現，原來一座城市可以有這麼多不同的面貌、原來台北是一個這麼有意思的地方；什麼紅糟肉啊、不加油麵的春捲啊、不同於白雪牌的沙拉醬啊、每逢過節就出現的刈包等等，都是與嘉義不同的、在地人生活的痕跡，才留意到台北其實也是一座老城，它只是發展得比較快而已。

從那之後我都會說：「如果你覺得一座城市無聊的話，那一定是你不夠認識它。」

返鄉後重新認識嘉義，打破日常的理所當然

大約是民國 109 年底，我無意中向島內散步執行長邱翊（我們都叫他邱董）提及自己未來有返鄉發展的想法，沒想到邱董對此事充滿興趣、比我本人還積極，然後就開啟了無限輪迴的雲嘉南商業發展模式的討論。我們都認爲每一個城市都應該展現它自己獨特的樣貌，當然更現實層面考量，台北的消費族群與習慣確實不同於嘉義，因此「返鄉後如何生存」變成了我當時最大的課題。

即使是現在，我們在嘉義成立了島內散步

雲嘉南區域品牌「環時好室」，在這裡經營空間、與在地品牌合作、舉辦上百場的導覽活動，但伴隨著團隊的擴張，生存的議題仍然與我形影不離。返鄉後該如何生存？我必須說至今仍然沒有一個標準答案。

日常總是讓我們太過理所當然，理所當然地吃著家人準備好的三餐、理所當然地往返學校與家裡的路線。直到返鄉後我才又更深刻認識了嘉義，第一次走進屋頂的東市場、第一次踏入中央第一商場圓環、第一次吃白醋涼肉圓……好多好多的第一次，多到我都快懷疑自己是不是嘉義人了；原來只是一個觀點的轉變、只是拐個彎踏進另一個巷子，同一個世界就可以變得如此不同！從前別人問我嘉義哪裡好吃好玩，我總答不上來，但是歷經出走又復返，現在換我反問別人了：「那你喜歡吃什麼？」我可以直接圈出一個美食地圖、名單報不完，光是東市場的熟食攤就能讓你每次來都遺憾自己只有一個胃！

是不是嘉義人無所謂，這座城市都能包容

現在的我仍然會說，小城雖小，五臟俱全。回來後也驚喜於遇上了很多不同領域的返鄉、甚至移居嘉義創業的青年。是不是嘉義人無所謂，也無論想做的是什麼事，只要你喜歡在這裡的生活，這座城市就都能包容。嘉義它就是這樣一個地方，走得不快，但是慢慢地，也很好。

陳怡秀

嘉義人，現為島內散步雲嘉南區域總監、環時好室品牌主理人。擅長品牌營運、地方關係經營。以輕鬆有趣的方式，讓導覽設計跳脫傳統文史解說，吸引年輕族群參與，並在內容中加入與文化資產、地方社區經營、永續旅行等相關議題，邀請參加者一同思考城市未來，增進地方認同。

流動的人

4

PEOPLE

隨買賣生意來到此地的
隱藏版里民

還有誰能算是一地「此曾仍在」的人？自遙遠歷史爬梳，無論是早年為討生活而定居此地的人，抑或是至今仍從南北其他縣市載著豐盛的農產、河鮮，到市場擺攤兜售的人；更甚至，懂得門道的買貨人──在民族里僅只停留一個週末，或每週兩三個早晨──也都算是此曾仍在的人。

撰文●編輯室・攝影●安比

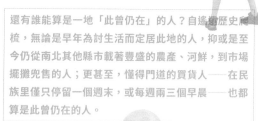

①

小葉牛肉阿姨

我從民雄來啊，每個禮拜會來兩三次！

在小葉牛肉攤前，大姐剛交待老闆她要的牛肉部位，看我們在一旁拍攝便熱情地要老闆看鏡頭擺出姿勢。問大姐是當地人嗎？她指了指機車，說她可是每週兩三次特地從民雄來東市場買菜。買什麼呢？「他們家的牛肉啊！還有對面的炸蔬菜。」

2

愛玉冰阿姨

我從竹崎嫁來這裡，就把娘家的愛玉帶下來賣。

忠孝路與延平路口有一間新學友帽子店，前方另設有一攤販售愛玉的涼水攤。阿姨說，這可是她從嘉義淺山地帶竹崎娘家帶下來的天然野生愛玉，而這棟三角窗的新學友帽店，則是她先生和她自年輕打下的江山，「上早是做學生帽啦，自從政府規定要戴安全帽之後才開始轉型。」

3

水 果 攤 狗 狗

　　週末才從台中南下的水果攤，六日兩天也分別擺在不同的街區位置。躲在新鮮、漂亮的水果後頭，還有隻可愛的害羞狗狗。問老闆牠是跟著全家一起來東市場擺攤嗎？「對啊！兩隻年紀都還小，這一隻比較緊張啦。」仔細看，才發現原來是對雙胞胎。

牠們跟著我們從台中來擺攤！

4

牛雜湯情侶

　　大清早，東市場內賣牛雜湯的店已經排起人龍，座位區一下就坐滿。除了觀光客，還是長輩來覓早食為多。鼓起勇氣攀談，對桌一對年輕男女說他們是新營人，來嘉義市區工作。閒聊說這麼早就來排隊，男孩說：「這邊還不算早，那邊排肉捲要早上六點！」

平常其實也少來，今天是為了賣肉捲才這麼早起。

⑤

雞肉攤小姐

我為了吃這個雞肉，特地從宜蘭跑來！

　　入夜後的東市場逐漸寧靜，少數有點燈的攤販在黑暗中更顯得明亮。走經新成美，攤台前一隻隻擺放得漂亮的全雞襯著黃光，令人忍不住駐足拍照。正在店面吃晚餐的一家人突然熱情招呼，送上好幾塊美味的雞肉：「很好吃！你們一定要吃！」女孩是老闆小孩的同學，說她可是為了吃這雞肉特地從宜蘭遠道而來的。

⑪ 物件微觀地方

OBJECT

東市場走走看看繞一圈，
為了降低營運成本或維持商品穩定品質，
無不絞盡腦汁讓物品有另一種利用的可能。
更多時候，是為了在狹小的攤位裡，
化有限為無限的巧妙空間運用。
逛市場買東西，也可以換個角度欣賞一下買賣之外的有趣事。

撰文●洪綉雅　攝影●安比

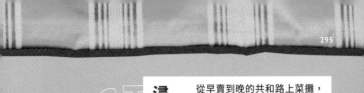

浸溼的 報紙

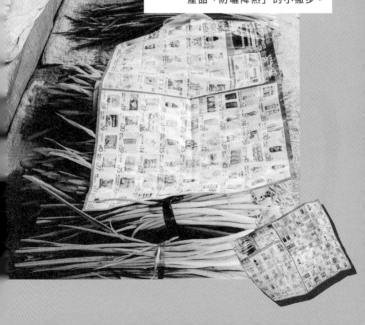

OBJECT

從早賣到晚的共和路上菜攤，遮陽傘下難免有散不去的熱氣，尤其炎炎夏日期間，如何低成本的幫蔬菜「降熱」，就成了攤主的一大難題。以水打濕的舊報紙，直接覆蓋在各種根莖類或葉菜蔬果上，除了保濕也能夠避免太陽直接日曬。仔細觀察，市場裡還有其他各種幫農產品「防曬降熱」的小撇步。

傘 架

　　賣著超過二十種蔬果的菜攤，讓空間效益最大化當然是首要重點。一把椅凳一只彎刀，老闆整理起還帶著葉子的玉米筍。一有客人上門，老闆起身的同時，彎刀也跟著隨手往傘座縫隙一放，那麼巧地立刻成為可用的刀架。看似凌亂的菜攤，有著老闆自己的一套秩序。

寶特瓶

凌晨 5、6 點就開攤，每日長達 12 小時的擺攤時間，要維持檯面上的醬菜新鮮度，醬菜店有一套方便的好方法。以寶特瓶裝水結冰，讓醬菜維持著剛出冰箱的冷度，以防發酵過度。每日收攤後，寶特瓶也跟著醬菜回到冰箱再次結冰，明天繼續擔任醬菜保冰的重要角色。

自製冰塊

使用大量冰塊來維持魚貨鮮度，尤其在炎炎夏日期間，是魚攤經營者難以避免的支出成本。魚攤大哥用店後方的大型冷凍庫，預先結凍大量冰塊，取出後再以錐子敲碎，就可以鋪在魚貨底部保冰。自製的冰塊敲碎後形狀不一，反而讓魚貨看起來像是躺在冰床上，沁涼十足。

架高的 電子秤

　　習慣就地處理魚貨的魚攤大哥，唯一離地的空間就是擺放電子秤的鐵架。架高後一來免於電子器材潮濕沾水，也讓銀貨兩訖時，起身和客人在一樣的視線高度進行交易。高台旁的小空間，也是擺放零錢的地方，架高的平台是魚攤「乾溼分離」的工作空間安排。

木蓋

魚鮮攤前，眼明手快的職人，左手從水裡撈出待宰之蛙，右手持刀就在木蓋上一刀下去，取下不太有肉的上顎部位，一隻隻往一旁的鐵盤裡丟。此時青蛙已失去活動的力氣，無需再用木蓋防止跳出。壓住青蛙的木蓋，一物二用，節省空間，既是蓋子也是職人工作的砧板。

擂潰機

資訊提供・潘麒宇

魚丸店裡攪拌魚漿的擂潰機，是一台與成年人等高的大型機器。承裝魚漿的擂潰臼，為了維持溫度與魚漿硬度，以巨大的石材打造而成，外型相當引人矚目。近年來，出現合金包裹石材的改良做法，清潔便利卻有失溫過快的缺點，傳統老方法雖費工，做出的魚丸口感味道更是誘人。

✓ **萬應白花油**
已不再營業的西藥局，仍留著藥櫃
與白花油充氣娃娃

✓ **共和市場外中間地帶**
共和市場西側有處入口極狹
但佔地極大的祕密廣場

✓ **狗狗照片**
東市場二樓殘留
曾辦過攝影展的可愛痕跡

✓ **東市場檔案室**
位於東市場二樓的檔案室

✓ **涼水攤**
東市場開向城隍廟的入口底端，
有家寫著復古字體的涼水攤

萬應白花油

共和市場外影卜中間地帶

狗狗照片

PLUSPLUS

一些
祕密地方

東市場當案室

涼水摸擁

PLUSPLUS

東市場頂樓

廣告擋板

✓ **來就借**
市場內的柱子貼滿不同年代的廣告標語

✓ **廣告擋板**
四處可見里民將廢棄廣告招牌二次利用

✓ **雙層電視**
店家壞掉的映像管電視沒丟掉，
往前再放一台液晶螢幕

✓ **東市場頂樓**
爬上城隍廟高樓層可見東市場頂樓風光

來就借

雙層電視

閱讀
民族里的
方法

PLUSPLU

裏嘉義

下港女子／著・悅知文化

下港女子透過她身為嘉義在地人的「裏」視角，
結合人文風情，規劃了五大主題 × 六條路線的
內行旅行攻略。

嘉義東市場再起雲湧
來去𨑨東市

嘉義市母語文化教育學會

從東市場的歷史、信仰與文學地景說起，並詳實取材東市場超過
50 間店家，從百貨、生鮮到熟食攤，彷彿實地走了一遭。

嘉義小旅行：散步北緯 23.5°

陳俊文／著・上旗文化

檜屋市集 老時光：漫步嘉義共和路

嘉義市政府文化局、陳俊文／著・嘉義市政府

《華麗計程車行》電視劇原著作者陳俊文老師透過訪談上百位地方文化保存者，記錄下嘉義市迷人的地景與人情。

做伙來去逛東市

潘朵拉、韓滿／著・嘉義市政府

為推廣母語教育，本土語言輔導團以東市場為題，將地方生活轉化為童書繪本，讓孩子能透過故事學習台語。

島內移民：移住嘉義美味新人生

嘉義異鄉人（孫育晴）／著・大塊文化

移居嘉義八年，「嘉義異鄉人」以島內移民概念分享嘉義以什麼樣的在地美味、街區和人情留住她的身心。

誌於誌村之前
與之後

撰文●洪綉雅

　　春夏之際,「誌村鑑寫作隊」來到以火雞肉飯聞名的嘉義市。「民族里」是一處濃縮了城市發展歷史的熱鬧商業區,里內的「東市場」,從凌晨到黃昏,所有與嘉義市民有關的飲食活動,都在這裡看得到,認識「民族里」可說認識了大半的嘉義飲食文化史。

　　這樣一處地方,「寫作隊」的作者群們用各自的學術關懷,從信仰、商業、地方頭人,甚至是身體微感及一件物的觀察,試圖談出「民族里」的地方社會運作。

　　然而，多數的作者們並非在地人，地方書寫最不可缺少的在地視角，我們邀請多位地方友人一起參與寫作。透過他們長期駐紮地方的經驗，帶著我們與讀者一起認識地方的日常與有趣之處。感謝他們的參與，讓為期半年左右的製作期，有更多來自地方聲音的提醒與共振。

　　此外，感謝初期田野階段，心中帶著架構雛形的我們，頭一兩回來到市場裡，攤商友人們不嫌棄陌生臉孔的叨擾，仍熱情以待的一一回應我們的提問。在你們的生意當中，我們看到更多的是做生意的家族，如何以市場為場域，開展各自家計的經營與兼顧養兒育女的智慧。

　　市場裡有許多優秀的二代、三代，正循著他們祖父輩的步伐前進。希望他們的故事，帶著讀者以不一樣的視角認識位於「民族里」的這座大市場。最後，再次感謝所有寫作過程中，給予我們各種協助的地方朋友們。

誌村鑑寫作隊

謝仕淵 —— 台師大歷史研究所博士。現任台南市文化局局長、成功大學歷史學系副教授。曾任臺史博副館長。在運動、物質與食物構成的世界中，一方面享受人生，同時分析社會。

陳正哲 —— 享受設計的美好，在回看歷史與環境的座標上，操作於城市與村落，在實驗中組織循環的途徑，奮力將過去帶向未來。

陳俊文 —— 小鎮教師，熱愛田野踏查與文史研究，著有
《嘉義小旅行》、《華麗計程車》，因常在民族里走跳
和覓食，故特聘為「東市場顧問」、「嘉博館火雞肉飯
研究員」。

洪綉雅 —— 從草地搬到城裡的台南人，成功大學歷史學
系碩士生。研究飲食史，關注人們為何吃、如何吃。目
前仍持續在飲食的田野之中，奮鬥的邊吃邊紀錄。

蔡郁青 —— 受歷史學啟發並在就讀研究所期間開啟對台
灣城鄉的好奇，持續練習以產業為支點，認識、貼近地
方的事與人。

林欣楷 —— 成功大學歷史學系博士候選人。認為每個無
法說話的族群都應該要有發聲的機會，著有《我們的足
球夢》一書。

邱睦容 —— 文史／文字工作者，台大地理所碩士。關注
邊緣地景與小寫人事，撿拾與兜起歷史切片，作為映照
當代的方法。

馬振瀚 —— 現役文化勞動者，參與人間也與人間解離。
享受人們訴說的故事，也希求找到彼此對話以及相互共
存的各種可能。

蔡軒誠 —— 台南人，和嘉義的初認識是就讀鳳梨大學歷史學系，再認識是參與嘉農棒球展前期研究，近年則因火雞肉飯展開嘉義常民觀察。

黃美惠 —— 碩班畢業後跨入博物館領域的中文人，現為成功大學歷史學系專案企劃。近年從雜貨店開啟了由交易觀察人群與地方的互動。

李耘 —— 現為成大創意產業設計研究所碩士生，因為對美食的極度熱愛，開啟了飲食研究之路。以飲食書寫為工具，搜集並探索食物、地方與人的關係與故事。

張銘洋 —— 成功大學歷史學系畢業，現就讀台大建築與城鄉所。喜歡透過閱讀、對談與行動探索自身的困惑，還在學習無論解答與否，都在過程好好感受。

張鑫莉 —— 韓國國立首爾大學（韓）國史學系畢業，現為成功大學歷史學系博士生。關注食物背後的故事，喜歡用味道喚起記憶中的美好時光。

李佳芳 —— 喜歡在地無名的美好，走入鄉下當編輯人。主持「ESPRES:SO 如此表達」，採集大城小鎮的微笑故事，著有《寶島玩物》、《台麵魂》等。

廖伯豪 —— 物質文化研究者，現為臺史博研究助理，絕對物癖，在生活與旅途中尋覓物件的歷史足跡，品味跨越時空、底蘊深厚的美麗畫面。

陳英豪——老家南投，現居澎湖，自認為博物館人。常把旅遊當成田野調查，田野調查當成生活，現為成功大學歷史系博士生。

康皓雲——自香港到台灣學習歷史研究，成功大學歷史學系碩士畢業。期待在觀察城市變化之時，了解人與土地的各種故事。

潘祺宇——國立雲林科技大學設計學研究所博士生、嘉義市東公有零售市場自治會副總幹事，希望以自身經歷寫在地故事。

陳怡秀——返嘉創立環時好室品牌，現職島內散步雲嘉南區域總監。認為烙印在身體裡的家鄉記憶，即便長大後走得再遠、經歷再多也難以忘懷。

LOOK for Village ❸ ——————— 嘉義市東區民族里

作 者	謝仕淵、陳正哲、陳俊文、洪綉雅、蔡郁青、林欣楷、邱睦容、馬振瀚、蔡軒誠、黃美惠、李 耘、張銘洋、張鑫莉、李佳芳、廖伯豪、陳英豪、康皓雲、潘麒宇、陳怡秀

出 版	裏路文化有限公司
發 行	遠足文化事業股份有限公司（讀書共和國）
書系顧問	謝仕淵
書系主編	董淨瑋
行政統籌	洪綉雅
執行編輯	劉怡青
企劃執行	蔡郁青
封面設計	安 比
內頁設計	安 比
攝 影	安 比、邱睦容、陳源永、劉怡青

地 址	新北市新店區民權路 108-3 號 8 樓
電 話	02-2218-1417
傳 真	02-2218-8057
信 箱	service@bookrep.com.tw
客服專線	0800-221-029

出版日期	2024 年 11 月・初版
定 價	350 元

Printed in Taiwan 著作權所有・翻印必究

特別感謝	木商珈琲、新陽春藥房、東市場六區 20 號肉舖、阿玉商號、東市場蔡家本產羊肉、文昌街無名菜攤（陳春嬌）、陳源永、hue、日日利商號（黃麟傑）、吳氏醬菜、新明津魚丸、新明津魚丸一多香樓、阿南的竹筍專賣（吳啟南大哥一家人）、上聖海產（大姐們）、忠孝路無名魚攤、東市場肉販區（剖骨師傅們）、雞標辣椒醬、民族里里長劉宗源、共和市場攤販協會、和平路 142 號無名水果攤（潘俊惠）

照片提供	民族國小

嘉義市民族里 / 謝仕淵, 陳正哲, 陳俊文, 蔡郁青, 洪綉雅, 林欣楷, 邱睦容, 馬振瀚, 蔡軒誠, 黃美惠, 李耘, 張銘洋, 張鑫莉, 李佳芳, 廖伯豪, 陳英豪, 康皓雲, 潘麒宇, 陳怡秀作. -- 初版. -- 新北市 : 裏路文化有限公司出版 : 遠足文化事業股份有限公司發行, 2024.11
320 面 ; 10.5*14.5 公分 . -- (誌村鑑 ; 3)
ISBN 978-626-98631-8-1(平裝)

1.CST: 人文地理 2.CST: 歷史 3.CST: 旅遊 4.CST: 嘉義市東區

733.9/126.9/101.4   113017036